汤建军 等 著

XIN SHIDAI
GAIGE
GUANJIANCI

新时代改革关键词

黄河出版传媒集团
宁夏人民出版社

图书在版编目（CIP）数据

新时代改革关键词 / 汤建军等著． -- 银川：宁夏人民出版社，2024.12． -- ISBN 978-7-227-08026-8

Ⅰ．D61

中国国家版本馆 CIP 数据核字第 20240S6H18 号

新时代改革关键词　　　　　　　　　　　　　　汤建军　等著

责任编辑　白　雪
责任校对　闫金萍
封面设计　张　宁
责任印制　侯　俊

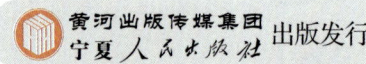 出版发行

出 版 人　薛文斌
地　　址　宁夏银川市北京东路 139 号出版大厦（750001）
网　　址　http://www.yrpubm.com
网上书店　http://www.hh-book.com
电子信箱　nxrmcbs@126.com
邮购电话　0951-5052104　5052106
经　　销　全国新华书店
印刷装订　宁夏银报智能印刷科技有限公司
印刷委托书号　（宁）0030728

开本　720 mm×980 mm　1/16
印张　17.25
字数　180 千字
版次　2024 年 12 月第 1 版
印次　2024 年 12 月第 1 次印刷
书号　ISBN 978-7-227-08026-8
定价　48.00 元

版权所有　侵权必究

序　言

汤建军

改革开放是当代中国最鲜明的特色，也是我们党最鲜明的旗帜。党的二十届三中全会围绕中国式现代化，擘画了进一步全面深化改革的宏伟蓝图，是推动全面深化改革向纵深发展的总动员、总部署。从局部探索、破冰突围到系统集成、全面深化，进一步全面深化改革是新时代的一场伟大革命。这场革命必将从理论和制度层面引领改革实践创新，加快推进中国式现代化进程，推动国家安全发展和人民福祉提升，深刻影响未来中国。

这是一场深刻的实践创新。纵观改革开放历史，改革是解放和发展生产力，也是推进马克思主义中国化时代化的伟大理论创新。每一次党的重大理论创新，都推动了中国社会的伟大变革和历史跨越。40多年改革开放实践表明，先通过党的理论创新去破除各方面迷雾和羁绊，再通过不断改革束缚生产力发展的僵化经济体制等生产关系，逐步建立和健全社会主义市场经济体制，就能够极大地促进生产力的发展，从而推动社会伟大变革及全面进步。因此，改革本身就是一场深刻的革命，从本质上讲，就是通过党的伟大自我革命，推动生产关系和生产力、上层建筑和经济基础、国家治理和社会发展更相适应，推动生产力和经济社会的重大变革。深化经济体制改革仍是进一步全面深化改革的重点，主要任务是完善有利于推动高质量发展的体制机制，塑造发展新动能新优势。当前，推动高质量发展面临的突出问题依然是发展不平衡不充分。这些问题都是社会主要矛盾变化的反映，是发展中的问题，必须进一步全面深化改革，从体制机制上推动解决。《中共中央关于进一步全面深化改革、推进中国式现代化的决定》（以下简称《决定》）围绕处理好政府和市场关系这个核心问题，把构建高水平社会主义市场经济体制摆在突出位置，对经济体制改革重点领域和关键环节作出部署，以此健全推动经济高质量发展体制机制，促进新质生产力发展；围绕发展以高技术、高效能、高质量为特征的生产力，提出加强新领域新赛道制度供给，建立未来产业投入增长机制，以国家标准提升引领传统产业优化升级，促进各类先进生产要素向发展新质生产力集聚。这些举措将更好地激发全社会内生动力和创新活力。

这是一场深刻的制度变革。制度是带有根本性的东西。运用改革创新方式不断革除不适应新的生产力发展要求的体制机制弊端，是全面深化改革不断稳步推进的有效路径。改革开放以来特别是新时代以来，全面深化改革不仅涉及经济体制改革，而且涉及政治体制、文化体制和社会体制等多方面的改革。通过大胆改革那些阻碍经济转型升级的体制机制，建立起充满生机和活力的中国特色社会主义市场经济体制，实现社会的全面进步与发展。党的十八大以来，突出制度建设这条主线，通过全面深化改革完善各方面制度，推动中国特色社会主义制度更加成熟更加定型，国家治理体系和治理能力现代化水平明显提高。"中国之治"新境界，就是依靠"中国之制"新优势锻造出来的。《决定》指出，进一步全面深化改革的总目标是继续完善和发展中国特色社会主义制度，推进国家治理体系和治理能力现代化。新时代全面深化改革是一场国家制度和治理体系的深刻变革，通过破解深层次体制机制障碍，固根基、扬优势、补短板、强弱项，不断彰显中国特色社会主义制度优势，不断增强社会主义现代化建设的动力和活力，把我国制度优势更好转化为国家治理效能。《决定》明确提出一系列"改革清单"，围绕经济、政治、文化、社会、生态文明、国家安全、国防和军队等方面部署改革，就加强党对改革的领导、深化党的建设制度改革、推进党风廉政建设和反腐败斗争进行了系统而深刻的阐述。这些制度变革都坚持和完善中国特色社会主义制度，从制度革新层面而言，都具有先立后破的性质，具有鲜明的制度变革特征。

这是一场深刻的理论创新。改革开放引发了社会物质关系和思想精神领域的巨大变化，对人的思想观念、社会生活等都产生了深远影响。改革，首先要解决思想问题。新时代以来，以习近平同志为主要代表的中国共产党人，坚持把马克思主义基本原理同中国具体实际相结合、同中华优秀传统文化相结合，创立了习近平新时代中国特色社会主义思想。这一强大思想武器，不仅解决了改革举什么旗、走什么路、向什么目标前进等根本性问题，而且解决了改革的总体目标、路线图、主攻方向、重点任务、方法路径等问题，科学回答了为什么要全面深化改革、怎样推进全面深化改革等重大理论和实践问题。理论创新引领变革性实践，形成了历史性改革成果。党的二十届三中全会强调，要结合学习宣传贯彻全会精神，抓好党的创新理论武装，提高全党马克思主义水平和现代化建设能力，这就要求坚持以理论创新引领全面深化改革实践创新。全面深化改革不仅是一场技术性革新，更是一场涉及思想观念、利益关系和社会结构的深刻变革，既要有敢于啃硬骨头、敢于涉险滩的决心，也要坚持解放思想、实事求是、与时俱进、求真务实，自觉用党的创新理论武装头脑、指导实践、推动各项工作，坚持以思想理论创新引领改革实践创新，以总结实践经验推动思想理论丰富和发展。

改革开放是决定当代中国命运的关键一招，正在推进的全面深化改革不仅涉及多个领域，而且必将前所未有地破除体制机制弊端，以高质量发展推动中国经济社会全面进步。这场改革就是为了实现更高质量、更有效率、更加公平、更可持续的

序 言

发展，从而更好地满足人民对美好生活的向往。全面深化改革的今天，革别人的命相对容易，革自己的命确实困难得多。只要我们共产党人勇于自我革命，始终坚持人民至上，推进伟大社会变革就会无往而不胜。因而，我们应该无悔于这样的选择：坚定不移地当好伟大时代进一步全面深化改革的促进派、实干家和见证者，当好以中国式现代化全面推进中华民族伟大复兴的奋斗者和贡献者。

◆◆ 汤建军，湖南省社会科学院（湖南省人民政府发展研究中心）党组成员、副院长（副主任）。

目 录

关键词一　推进中国式现代化的关键一招　// 001

　　一、进一步全面深化改革的重大意义　// 002
　　二、全面深化改革的聚焦点　// 009
　　三、全面深化改革的推进路径　// 018

关键词二　以人民为中心　// 027

　　一、归根到底是为了让人民过上更好的日子　// 028
　　二、以人民为中心的核心要义　// 036
　　三、着力践行以人民为中心的发展思想　// 043

关键词三　完善高水平对外开放体制机制　// 050

　　一、着力打造开放的鲜明标识　// 051

二、高水平对外开放体制机制的核心要义 // 057

三、进一步完善高水平对外开放体制机制 // 063

关键词四　建设美丽中国 // 073

一、建设美丽中国，实现中华民族永续发展 // 074

二、生态环境有了较大改善，更加接近
美丽中国的目标 // 078

三、建设天蓝、地绿、水清的美丽中国 // 085

关键词五　构建高水平社会主义市场经济体制 // 093

一、高水平社会主义市场经济体制是
中国式现代化的重要保障 // 094

二、激发市场主体活力 // 102

三、加快构建全国统一大市场 // 110

关键词六　高质量发展 // 116

一、高质量发展是新时代的硬道理 // 117

二、必须以新发展理念引领高质量发展 // 123

三、坚持以深化改革促进高质量发展 // 127

目 录

关键词七　国家治理体系和治理能力现代化 // 134

一、推进国家治理体系和治理能力现代化意义重大 // 135
二、国家治理体系和治理能力现代化是一项系统工程 // 142
三、努力实现国家治理体系和治理能力现代化 // 148

关键词八　在发展中保障和改善民生 // 154

一、发展的目的是保障和改善民生 // 155
二、改革的重点是保障和改善民生 // 161
三、民生的改善是稳定的基础 // 169

关键词九　乡村全面振兴 // 175

一、必须扛牢乡村全面振兴的重大责任 // 175
二、乡村全面振兴的美好蓝图 // 180
三、推进乡村全面振兴的实践要求 // 184

关键词十　健全新型举国体制 // 194

一、新型举国体制的独特优势 // 195

二、新型举国体制的鲜明特征 // 202

三、进一步优化新型举国体制 // 208

关键词十一　坚持守正创新 // 215

一、守正创新是进一步全面深化改革的本质要求 // 216

二、守正创新的主要内容 // 225

三、在坚持守正创新中进一步全面深化改革 // 232

关键词十二　坚持党对改革的全面领导 // 241

一、党的领导确保改革航船沿着正确航向破浪前行 // 242

二、党的领导是进一步全面深化改革的根本保证 // 248

三、毫不动摇坚持和加强党的全面领导 // 254

后　记 // 263

关键词一
推进中国式现代化的关键一招

习近平总书记在庆祝改革开放 40 周年大会上的讲话中指出："40 年的实践充分证明，改革开放是党和人民大踏步赶上时代的重要法宝，是坚持和发展中国特色社会主义的必由之路，是决定当代中国命运的关键一招，也是决定实现'两个一百年'奋斗目标、实现中华民族伟大复兴的关键一招。"经过 40 多年的改革开放，我国社会面貌和国际地位发生了翻天覆地的变化。以经济发展为例，在供给端，按照联合国的工业体系分类，中国是全球唯一拥有全部工业门类的国家，整个工业产业链比较完备；2009—2023 年，中国制造业增加值已连续 14 年名列全球榜首，2023 年的制造业增加值占全球市场的份额已近三成。

在消费端，目前中国已成为仅次于美国的全球第二大消费市场，2023年我国社会消费品零售总额再创新高，已超过47万亿元。党的二十届三中全会瞄准新征程，对进一步全面深化改革、推进中国式现代化作出新的战略部署。新征程上，新的伟大变革将迸发出更加澎湃的力量。

一、进一步全面深化改革的重大意义

新时代新征程，习近平总书记和党中央之所以反复强调全面深化改革，既是基于对世界发展大势的深刻洞察，更是基于对国内外现代化建设经验教训的深刻总结。从国外来看，独立之后的缅甸，因为长期实行闭关锁国政策而使自己孤立于世界之外，加上政局动荡，使该国成为世界最贫穷的国家之一。2022年，缅甸的GDP只有不到600亿美元，人均GDP更是只有1000美元左右。21世纪初，希腊曾一度因为拒绝开展符合金融市场要求的经济改革而陷入债务危机泥潭。国外如缅甸、希腊的例子还不少。从国内来看，改革开放之前，我国经济濒临崩溃边缘，人民的温饱问题亟待解决，社会百业亟待重振。邓小平同志对此表示："如果现在再不实行改革，我们的现代化事业和社会主义事业就会被葬送。"党的十一届三中全会冲破"左"的错误的严重束缚，对"两个凡是"的错误方针进行

关键词一 推进中国式现代化的关键一招

了全面批判，果断结束"以阶级斗争为纲"，转而以经济建设为中心，拉开了改革开放的序幕，国家发展面貌焕然一新，使中国经济社会有了40多年的高速发展。这些经验教训告诉我们：在全球化深入发展的今天，不改革开放只有死路一条；改革开放只有进行时，没有完成时。

（一）全面深化改革，是夯实民生之本、实现党和国家事业行稳致远的关键实招

"民惟邦本，本固邦宁。"党的十八大以来，党在推进中国式现代化进程中，始终坚持把实现人民对美好生活的向往作为一切工作的出发点和落脚点，人民群众不仅收入有了大幅增长，而且精神生活更丰富了。从全国居民收入情况来看，从2012年到2023年，居民人均可支配收入增加了近2.4倍，2023年全国居民人均可支配收入已逼近4万元。现在中国的百姓除了钱袋子较以前要鼓些，精气神也更足了。以"精准扶贫"重要理念首倡地的湖南湘西十八洞村为例，经过10多年的发展，村民的思想和精神都有了较大的改变，不仅原有的赶秋节、"三月三"、"四月八"、过"苗年"等传统民俗文化活动如今又活了起来，还有许多村民干起了网络直播，成了网红。十八洞村村民精神面貌的改变轨迹被《十八洞村的十八个故事》等文学作品所记录。但同时也要看到，当前居民收入不平衡仍比较突出。尽管近年来我国基尼系数呈现下降趋势，却一直处在0.4—

新时代改革关键词

◆◆ 2020年5月3日，湖南省花垣县十八洞村　（湖南图片库/供图）

0.5区间内。根据国际经验，基尼系数超过0.4就表明贫富差距较大。

新时代新征程，我国发展也进入了一个战略机遇和风险挑战并存、各种发展不确定性因素激增的时期。在刚刚过去的2023年，"黑天鹅"事件频发，给全球发展带来诸多震荡与不安。美国主权信用评级下滑引发的全球股市动荡、巴以冲突、日本无视国际规则和舆论谴责单方面将福岛核污染水强排入海导致海洋生态环境遭到严重破坏等，都给我国现代化建设带来了一定程度的不利影响。

面对新征程中的新风险、新挑战，要实现好、维护好、发展好最广大人民的根本利益，就必须继续全面深化改革，切实在关乎"民生之基""国之大者"的改革领域取得实质性进展，把促进改革发展与增强国家实力、提高人民生活水平结合起来，使改革发展成果更多更公平惠及全体人民，不断增强人民群众的获得感、幸福感、安全感。

（二）全面深化改革，是贯彻新发展理念、实现社会良治的关键灵招

新时代新征程，我国社会主要矛盾主要表现为人民日益增长的美好生活需要和不平衡不充分的发展之间的矛盾。从党的十八大至今，我国的经济基础和经济总量有了较大的跃升。2013—2023年，我国国内生产总值的平均增速超过6%，居世界主要经济体前列，对世界经济增长的年均贡献率超过三成。2023年，我国经济总量超过126万亿元，占世界经济比重达18%左右，居世界第二位。这说明，过去那种"落后的社会生产"问题已不再是发展面临的主要问题。但也要看到，当前我国发展不平衡不充分的问题比较突出，对经济发展和社会治理都产生了不利影响。以数字经济发展为例，根据工业和信息化部发布的《中国数字经济发展指数报告（2023）》，从区域间的总指数和分指数来看，东部地区大多处于第一梯队，无论是总指数还是分指数均高于全国平均值,数字经济整体发展较为全面,而中西部地区大多处于第二、三梯队,呈现出较大的地区差异。这也就意味着,中西部地区人民日益增长的美好数字生活需要难以有效得到满足。

"仁圣之本,在乎制度而已。"实践证明,在解决社会主要矛盾、实现社会良治上,以新发展理念推进国家治理体系和治理能力现代化乃越试越管用的"灵招"。党的十八大以来,政府通过下放行政许可事项,推行减税降费、商事制度等改革,不断激发市场主体活力。截至 2023 年底,全国登记在册经营主体达 1.84 亿户,其中民营企业超 5300 万户,分别比 2012 年增长了 2.3 倍和 3.9 倍。在农村"三权分置"改革方面,先行先试的湖南省汨罗市长乐镇长乐街,因为闲置宅基地和农房得到盘活利用而焕发新彩,由过去无人问津之地一跃成为全国颇有名气的旅游目的地。穿行在如今的汨罗市长乐镇长乐街巷,满眼都是外来游客,满街都是故事的表演者。

"明者因时而变,知者随事而制。"面对我国社会主要矛盾变化以及因为发展不平衡不充分而带来的新问题新挑战,必须进一步全面深化改革,完整准确全面贯彻新发展理念,着力构建与中国式现代化实践相适应的、系统完备、科学规范、运行有效的制度体系和治理体系。只有这样,方能实现社会良治。

（三）全面深化改革，是赢得战略主动、推动构建人类命运共同体的关键胜招

"谋无主则困，事无备则废。"进入中国式现代化新征程，发展面临的国际环境错综复杂，一方面，和平、发展、合作、共赢的历史潮流不可阻挡；另一方面，恃强凌弱、巧取豪夺、零和博弈等霸权霸道霸凌行径依然猖狂，给全球发展带来严重危害，和平赤字、发展赤字、安全赤字、治理赤字加重。以治理赤字为例，目前全球债务风险进一步提升，一方面表现在一些新兴市场和发展中国家由于新冠疫情、美联储货币政策收紧等事件的影响和冲击较大，国家负债率持续攀升，面临投资缺口和偿债压力急剧扩大的困境。世界经济论坛发布的《2023年全球风险报告》指出："面临债务问题的发展中经济体或将受制于债权人要求，导致财政资金流出公共产品和基础设施等社会需求最大的领域。"另一方面表现在部分发达国家的债务问题同样严峻，特别是美国联邦政府债台高筑，规模持续扩大。据美国财务网数据，截至2024年11月底，美债已突破36万亿美元，这一局面给美国本国和全球经济带来了日益严重的信用风险。

与国际上乐于行霸道欺凌之事的国家不同，中国长期奉行和平共处五项原则，致力于扩大自己的朋友圈。习近平总书记指出："中国对外开放，不是要一家唱独角戏，而是要欢迎各方共同参与；不是要谋求势力范围，而是要支持各国共同发展；不是要营造自己的后花园，而是要建设各国共享的百花园。"经过 40 多年的改革开放，中国已经是 140 多个国家和地区的主要贸易伙伴，中国提出的"一带一路"倡议，已经成为当今世界范围最广、规模最大的国际合作平台。中国已成为当今世界

知识点链接 关键一招

"关键一招"是习近平总书记在党的十八大召开以后到广东考察时作出的一个重要判断。习近平总书记强调："我们现在的关键一招还是改革开放。实践发展永无止境，解放思想永无止境，改革开放也永无止境，停顿和倒退没有出路。"10 多年来，习近平总书记先后多次重申和阐述这一判断。目前，"关键一招"已成为党和人民的共识。为什么说改革开放决定着中国式现代化的成败？这是因为：其一，改革开放是中国式现代化生成的"关键节点"。可以说，没有改革开放，就没有中国式现代化。在庆祝改革开放 40 周年大会上，习近平总书记在阐述改革开放的伟大意义时，强调改革开放是我们党的一次伟大觉醒，正是这个伟大觉醒孕育出中国式现代化这个"伟大创造"。其二，改革开放是中国式现代化推进的必要条件。习近平总书记指出："在新中国成立特别是改革开放以来长期探索和实践基础上，经过十八大以来在理论和实践上的创新突破，我们党成功推进和拓展了中国式现代化。"其三，中国式现代化必将在改革开放中开辟广阔前景。《中共中央关于进一步全面深化改革、推进中国式现代化的决定》站在新的历史起点上，明确了进一步全面深化改革的总目标。

关键词一　推进中国式现代化的关键一招

维护和平与发展不可或缺的重要力量。

当前国际格局和国际体系正在发生深刻调整，全球治理体系正在发生深刻变革，国际力量对比正在发生近代以来最具革命性的变化，由此国际局势变得异常复杂，中国式现代化发展面临前所未有的挑战。要想为中国式现代化发展赢得一个比较理想的国际大环境，唯有进一步全面深化改革，积极参与全球治理体系改革和建设，大力推动构建人类命运共同体。只有这样，才能使中国在百年变局加速演进中赢得战略主动，并让越来越多的国家及其人民享受到中国式现代化发展带来的各种"福利"。

二、全面深化改革的聚焦点

步入中国式现代化新征程，全面深化改革已进入深水区，这就意味着，要从改革领域最关键最紧迫的方面入手，实现大的突破。那么，当前哪些方面是最关键最紧迫的呢？党的二十届三中全会在集思广益、充分征求各方面意见的基础上作出了明确的回答，强调进一步全面深化改革必须做到"七个聚焦"，即聚焦构建高水平社会主义市场经济体制，聚焦发展全过程人民民主，聚焦建设社会主义文化强国，聚焦提高人民生活品质，聚焦建设美丽中国，聚焦建设更高水平平安中国，聚焦提高党的领导水平和长期执政能力。

（一）用好"看得见的手"和"看不见的手"，构建高水平社会主义市场经济体制

在社会主义条件下发展市场经济是我们党的一个伟大创举。我国经济发展取得巨大成功的一个关键因素，就是我们既发挥了市场经济的长处，又发挥了社会主义制度的优势。高水平社会主义市场经济体制是中国式现代化的重要保障。为了更好地以中国式现代化推进中华民族伟大复兴，新征程全面深化改革必须聚焦构建高水平社会主义市场经济体制。那么，什么样的社会主义市场经济体制才算得上是高水平？依据《决定》，高水平的社会主义市场经济体制应该有以下几个方面的特征：一是"两个毫不动摇"得到很好坚持和贯彻落实。各种所有制经济依法平等使用生产要素、公平参与市场竞争、同等受到法律保护，促进各种所有制经济优势互补、共同发展。二是构建起全国统一大市场。推动市场基础制度规则统一、市场监管公平统一、市场设施高标准联通。三是市场经济基础制度比较完善。形成比较完善的产权制度、市场信息披露制度、惩罚性赔偿制度、市场准入制度、社会信用体系和监管制度等。目前，我国社会主义市场经济体制在这几个方面都还有不足之处。国务院2024年向第十四届全国人民代表大会常务委员会第十次会议递交的《关于促进民营经济发展情况的报告》指出，当前民营经济发展仍存在市场准入和要素获取等方面矛盾较突出，进入部分重点领域的隐性壁垒犹存，一些政策执行中还存在"玻璃门""弹簧门""旋转门"等现象和问题。如果将这些问题和困难归结为一句话，那就是政府与市场的关系在某种程度上存在扭曲。由此而论，解决好社会主义市场经济体制水平不高的问题，合理使用政府这只"看得见的手"和市场这只"看不见的手"就显得非常关键。习近平总书记强调，在使用政府和市场这"两只手"上，"要讲辩证法、两点论，'看不见的手'和'看得见的手'都要用好"。

（二）统筹"制度程序"和"参与实践"，发展全过程人民民主

没有民主就没有社会主义，就没有社会主义的现代化，就没有中华民族伟大复兴。发展全过程人民民主是中国式现代化的本质要求。因此，为了更好地以中国式现代化推进中华民族伟大复兴，新征程上全面深化改革就必须聚焦于发展全过程人民民主。那么，全过程人民民主具有哪些基本特征呢？一是具有完整的制度程序。习近平总书记指出："人民民主是一种全过程的民主，所有的重大立法决策都是依照程序、经过民主酝酿，通过科学决策、民主决策产生的。"二是具有完整的参与实践。习近平总书记强调："古今中外的实践都表明，保证和支持人民当家作主，通过依法选举、让人民的代表来参与国家生活和社会生活的管理是十分重要的,通过选举以外的制度和方式让人民参与国家生活和社会生活的管理也是十分重要的。"三是具有鲜明的中国特色。习近平总书记指出:"实现民主政治的形式是丰富多彩的,不能拘泥于刻板的模式。实践充分证明,中国式民主在中国行得通、很管用。"新征程发展全过程人民民主,必须坚持党的领导、人民当家作主、依法治国有机统一,统筹"制度程序"和"参与实践",推动人民当家作主制度更加健全、协商民主广泛多层制度化发展、中国特色社会主义法治体系更加完善、社会主义法治国家建设达到更高水平。

(三)坚持"二为"方向、"两创"方针,建设社会主义文化强国

文化是一个国家、一个民族的灵魂。文化兴则国运兴,文化强则民族强。没有社会主义文化繁荣发展,就没有社会主义现代化。中国式现代化是物质文明和精神文明相协调的现代化。因此,为了更好地以中国式现代化推进中华民族伟大复兴,新征程全面深化改革必须聚焦于建设社会主义文化强国。我国建成社会主义文化强国的标准,一是具有鲜明的中国特色社会主义特质。习近平总书记强调,建设社会主义文化强国,"要坚持中国特色社会主义文化发展道路","我们要建设的是中国特色社会主义,而不是其他什么主义"。二是具有坚定的文化自信。习近平总书记指出:"历史和现实都表明,一个抛弃了

关键词一 推进中国式现代化的关键一招

或者背叛了自己历史文化的民族，不仅不可能发展起来，而且很可能上演一幕幕历史悲剧。文化自信，是更基础、更广泛、更深厚的自信，是更基本、更深沉、更持久的力量。坚定文化自信，是事关国运兴衰、事关文化安全、事关民族精神独立性的大问题。"坚定文化自信，必须"推动中华优秀传统文化创造性转化、创新性发展，继承革命文化，发展社会主义先进文化"。三是具有较强的文化软实力。习近平总书记指出："提高国家文化软实力，关系'两个一百年'奋斗目标和中华民族伟大复兴中国梦的实现。"新征程建设社会主义文化强国，必须坚持"二

> **知识点链接** "两创"方针
>
> "两创"方针是习近平总书记提出的关于传承弘扬中华优秀传统文化的基本方针。2013年12月，习近平总书记主持中共中央政治局第十二次集体学习时提出，要继承和弘扬我国人民在长期实践中培育和形成的传统美德，坚持马克思主义道德观、坚持社会主义道德观，在去粗取精、去伪存真的基础上，坚持古为今用、推陈出新，努力实现中华传统美德的创造性转化、创新性发展。创造性转化，就是要按照时代特点和要求，对那些至今仍有借鉴价值的传统文化内涵及其陈旧的表现形式加以改造，赋予其新的时代内涵和现代表达形式，激活其生命力。创新性发展，就是要按照时代的新进步新进展，进一步丰富和发展我国优秀传统文化的内涵，增强其影响力和感召力。二者联系密切，前后相继，创造性转化是创新性发展的深度铺垫，创新性发展是创造性转化的高度升华。

为"方向和"两创"方针，发展社会主义先进文化，弘扬革命文化，传承中华优秀传统文化，激发全民族文化创新创造活力，推动文化繁荣，丰富人民精神文化生活，提升国家文化软实力和中华文化影响力。

（四）促进物质富足和精神富有，提高人民生活品质

江山就是人民，人民就是江山。治国有常，利民为本。在发展中保障和改善民生是中国式现代化的重大任务。由此而言，为了更好地以中国式现代化推进中华民族伟大复兴，新征程全面深化改革必须聚焦于提高人民生活品质。生活品质与我们平常所说的"生活水平"的内涵有一定的差别，生活品质侧重于对人民生活的质的考量，强调人民对生活的主观感受，也就是我们常说的获得感、幸福感和安全感。诺贝尔奖得主阿玛蒂亚·森曾就人民的生活品质问题有过一段精彩而形象的表述："你可能比较富裕，但并不健康。你也可能很健康，但并不能过上你想过的日子。你可能过上了你想过的日子，但并不幸福。"这句话一定程度上揭示了主观精神状态在生活品质中的重要性。习近平总书记指出："中国特色社会主义进入新时代，人民美好生活需要日益广泛，不仅对物质文化生活提出了更高要求，而且在民主、法治、公平、正义、安全、环境等方面的要求日益增长。"新征程，提高人民生活品质，必须坚持尽力而为、量力而行，既要在促进人民物质富足方面下功夫，也要在促进

关键词一　推进中国式现代化的关键一招

人民精神富有方面下功夫,把高质量发展同满足人民美好生活需要紧密结合起来,推动人的全面发展、全体人民共同富裕取得更为明显的实质性进展。

(五)坚持以高水平保护支撑高质量发展,建设美丽中国

大自然是人类赖以生存发展的基本条件。尊重自然、顺应自然、保护自然,是全面建设社会主义现代化国家的内在要求。中国式现代化是人与自然和谐共生的现代化。因此,为了更好

◆◆ 宁夏彭阳县生态环境持续向好,当地旱作梯田成为乡村旅游景点
　　(彭阳县委党史和地方志研究室/供图)

以中国式现代化推进中华民族伟大复兴，新征程全面深化改革必须致力于建设美丽中国。我们要建设的"美丽中国"具有丰富的内涵：一是实现天更蓝、山更绿、水更清。习近平总书记指出："环境就是民生，青山就是美丽，蓝天也是幸福。""为子孙后代留下天蓝、地绿、水清的美丽家园。"二是实现保护生态环境与发展社会生产力相统一。习近平总书记强调："实践证明，经济发展不能以破坏生态为代价，生态本身就是经济，保护生态就是发展生产力。"三是实现人与自然和谐共生。习近平总书记指出："我们要深怀对自然的敬畏之心，尊重自然、顺应自然、保护自然，构建人与自然和谐共生的地球家园。"新征程建设美丽中国，要深入贯彻习近平生态文明思想，牢固树立和践行绿水青山就是金山银山的理念，把建设美丽中国摆在强国建设、民族复兴的突出位置，加快经济社会发展全面绿色转型，健全生态环境治理体系，推进生态优先、节约集约、绿色低碳发展，以高水平保护支撑高质量发展，促进人与自然和谐共生。

（六）统筹外部安全和内部安全，建设更高水平平安中国

平安是老百姓解决温饱后的第一需求，是极重要的民生，也是最基本的发展环境。正是从这个意义上来讲，国家安全是中国式现代化行稳致远的重要基础，是民族复兴的根基。因此，要想更好以中国式现代化推进中华民族伟大复兴，新征程全面深化改革必须聚焦于建设更高水平平安中国。对于建设更高水平平安中国中的"更高水平",可以从三个维度来把握:一是强调领域更广。既包括政治安全、经济安全、文化安全,又包括军事安全、科技安全、社会安全;既包括外部安全,又包括内部安全;既包括国土安全,又包括国民安全;既包括传统安全,又包括非传统安全;既包括自身安全,又包括共同安全。二是强调人民群众更满意。正如习近平总书记指出的那样,"要坚持把人民群众的小事当作自己的大事,从人民群众关心的事情做起,从让人民群众满意的事情做起"。三是实效性更强。正如习近平总书记指出的那样,"全面提升平安中国建设科学化、社会化、法治化、智能化水平,不断增强人民群众获得感、幸福感、安全感"。新征程建设更高水平平安中国,必须统筹外部安全和内部安全,健全国家安全体系,强化一体化国家战略体系,增强维护国家安全能力,创新社会治理体制机制和手段,有效构建新安全格局。

(七)坚持科学执政、民主执政、依法执政,提高党的领导水平和长期执政能力

全面建设社会主义现代化国家、全面推进中华民族伟大复兴,关键在党。党的领导是进一步全面深化改革、推进中国式现代化的根本保证。为了更好以中国式现代化推进中华民族伟大复兴,新征程全面深化改革必须聚焦于提高党的领导水平和长期执政能力。那么，提高党的领导水平和长期执政能力具体是指提高哪方面的水平和能力？就执政能力而言，对于广大党员干部尤其是年轻党员干部，必须注重提高"七种能力"。习近平总书记指出："面对复杂形势和艰巨任务，我们要在危机中育先机、于变局中开新局，干部特别是年轻干部要提高政治能力、调查研究能力、科学决策能力、改革攻坚能力、应急处突能力、群众工作能力、抓落实能力……"就领导水平而言，重点是要提高科学执政水平、民主执政水平和依法执政水平。习近平总书记指出："不断提高党科学执政、民主执政、依法执政水平，充分发挥党总揽全局、协调各方的领导核心作用！"新征程中提高党的领导水平和长期执政能力，必须保持以党的自我革命引领社会革命的高度自觉，坚持用改革精神和严的标准管党治党，完善党的自我革命制度规范体系，不断推进党的自我净化、自我完善、自我革新、自我提高，创新和改进领导方式和执政方式，深化党的建设制度改革，健全全面从严治党体系，确保党始终成为中国特色社会主义事业的坚强领导核心。

三、全面深化改革的推进路径

唯改革者进，唯开放者强，唯改革开放者胜。新征程上，进一步全面深化改革必须紧扣推进中国式现代化这一主题，认真学习贯彻习近平总书记关于全面深化改革的重要论述和党的二十届三中全会精神，坚持稳中求进工作总基调，坚持解放思想、实事求是、与时俱进、求真务实，进一步解放和发展社会生产力、激发和增强社会活力，为全面建设社会主义现代化国家、推进中华民族伟大复兴提供强大动力和制度保障。

（一）坚持和加强党中央集中统一领导，不断完善党的全面领导

坚持和加强党中央集中统一领导，不断完善党的全面领导是全面深化改革的制胜之道，是基于深入总结国内外改革经验教训得出的正确认识和应然之举。从国外来看，苏联和东欧一些社会主义国家早在20世纪50年代就已经开始进行改革方面的探索了，这包括苏联的改革、南斯拉夫的改革等，这些改革都是在共产党的领导下进行的,但随着内外条件和环境的变化，改革逐步脱离了党的领导，并最终以失败收场。国外的改革教训告诉我们，必须坚持和不断完善共产党对本国改革的领导，只有这样，才能保证改革沿着正确的方向前进。从国内来看，我国自20世纪70年代末拉开了改革开放的序幕，面对风云变幻的国际形势，我们党冷静观察、沉着应对，成功防范和化解了诸多政治风险，成功应对了一系列重大挑战，克服了无数艰难险阻。历史告诉我们，必须坚持和加强党对改革的全面领导，党政军民学，东西南北中，党是领导一切的。新征程，推进全面深化改革，要坚持和加强党的全面领导，把党的领导贯穿于改革开放各方面全过程，确保改革始终沿着正确政治方向前进。

（二）把人民对美好生活的向往作为我们的奋斗目标

把人民对美好生活的向往作为全面深化改革的奋斗目标，是新时代以来我国全面深化改革的鲜明特质，也是新时代以来我国全面深化改革取得巨大成就的关键所在。新时代以来，我们党在全面深化改革中，始终坚持以人民为中心的工作导向，做到老百姓关心什么、期盼什么，改革就要抓住什么、推进什么，使改革发展成果更多更公平惠及全体人民，不断增强人们的获得感、幸福感、安全感。在"十四五"规划建议的起草过程中，习近平总书记多次深入基层一线召开座谈会，到群众中去听取老百姓的呼声，其中包括村支书、乡村教师、扶贫干部、农民工、种粮大户、货车司机、快递小哥、餐馆店主、法律工作者等各行各业的一线工作者。据统计，从 2020 年 7 月到 9 月，两个月时间内习近平总书记主持召开了 7 场这样的座谈会。在《决定》的起草过程中，习近平总书记就关于做好重要改革举措广泛征求群众意见多次作出重要指示批示，从 5 月 7 日下发《决定》征求意见稿，到 5 月 30 日收到各地区各部门各方面修改意见达 1911 条，并在吸纳相关意见之后，对文稿作出 221 处修改。正是因为我们的改革大写"民"字，瞄准群众的急难愁盼问题，从群众最期盼的事情做起，从群众最不满意的地方改起，才使得我们的全面深化改革能够凝聚起最大共识，赢得广大人民群众的坚决拥护和积极参与，实效显著。

（三）坚持守正和创新相统一

改革不是改向，变革不是变色。新时代新征程全面深化改革，必须守正，既要坚持马克思主义基本原理不动摇、坚持党的全面领导不动摇、坚持中国特色社会主义不动摇，决不能偏离中国特色社会主义方向，也要创新，要紧跟时代步伐，顺应实践发展，突出问题导向，在新的起点上推进理论创新、实践创新、制度创新、文化创新以及其他各方面创新。党的十八大以来，我国全面深化改革之所以能够取得巨大成功，得益于实现了守正与创新相统一。通过深化社会主义市场经济体制改革，助推绝对贫困现象的消除就是其中突出表现。由于市场调节具有自发性、盲目性等特点，市场经济发展往往容易出现两极分化，资本主义国家对此往往束手无策。党的十八大以来，我国通过完善收入分配制度，健全劳动、资本、土地、知识、技术、管理、数据等生产要素由市场评价贡献、按贡献决定报酬的机制等，加强了对市场的合理调控，既遏制了市场的自发性和盲目性带来的消极影响，又有力地调动了广大劳动者的积极性和创造性，为消除绝对贫困、实现共同富裕创造了条件。党的十八大以来，到2021年底我国政府向全世界宣告完成了消除绝对贫困的艰巨任务，创造了一个足以彪炳史册的人间奇迹。

(四)突出制度建设这条主线

制度是关系党和国家事业发展的根本性、全局性、稳定性、长期性问题。改革是一项有破有立的活动,没有好的制度支撑,就难以有序推进改革,进而达到预期效果。只有突出制度变革和创新,改革才能不断为经济快速发展和社会稳定和谐注入强劲动力。党的十八大以来,我国不断推进制度创新,促进形成了更高水平的制度型开放新格局。自由贸易试验区在国家开放发展上的示范引领作用就是其中典型表现。我国从2013年开始建设自由贸易试验区,上海自由贸易试验区是我国设立的第一个自由贸易试验区。自由贸易试验区建设的核心任务就是制度创新,通过聚焦重点领域、关键环节、基础性制度开展深层次改革试点,推动形成更多高水平制度创新成果,更好发挥改革开放排头兵的示范引领作用。2013年以来,党中央、国务院先后部署设立22个自由贸易试验区。各自由贸易试验区累计开展3500余项改革试点,形成了许多可复制、可推广的制度创新成果。也正是因为制度创新,这些自由贸易试验区在全国开放发展中的示范引领作用大大增强。据商务部数据,2023年22个自由贸易试验区合计进出口7.67万亿元,吸引外资总额达到2086.4亿元。自由贸易试验区的面积虽然小,但是外贸和外资均占到全国的18.4%,为稳外贸稳外资发挥了重要作用。新时代新征程,改革面对的体制机制问题更多是深层次的、难啃的硬骨头，相应地建章立制、构建体系的任务更重，这就要求我们必须始终坚持以制度建设为主线，加强顶层设计、总体谋划，破立并举、先立后破，筑牢根本制度，完善基本制度，创新重要制度，为推进中国式现代化提供有力制度保障。

（五）做到改革和法治相统一

法治是中国式现代化的重要保障。习近平总书记指出，"'改革与法治如鸟之两翼、车之两轮'，要坚持在法治下推进改革，在改革中完善法治"，"凡属重大改革都要于法有据"。新时代全面深化改革有许多成功的经验，其中比较重要的一条就是促进改革和法治相统一。一方面，坚持在法治下推进改革。新中国首部民法典的颁布与实施，就是这方面的突出体现。比如《中华人民共和国民法典》（以下简称《民法典》）在总则中增加了对网络虚拟财产和数据的规定，这就为产权制度改革提供了重要依据；《民法典》第三百三十九至三百四十二条增加了土地经营权的条文，这就为土地"三权分置"改革提供了重要依据；《民法典》将"家庭应当树立优良家风""弘扬家庭美德""重视家庭文明建设"等诸多符合社会主义核心价值观的内容纳入进来，为婚俗改革提供了重要依据；等等。另一方面，坚持在改革中完善法治。两次修改立法法就是这方面的突出表现。现行的立法法是 2000 年由全国人大审议通过的。党的十八大以来，先后于 2015 年和 2023 年对之进行了修订，尤其是2023年新修订的《中华人民共和国立法法》增加规定："立法应当适应改革需要，坚持在法治下推进改革和在改革中完善法治相统一，引导、推动、规范、保障相关改革，发挥法治在国家治理体系和治理能力现代化中的重要作用。"这些经验做法既有效保障了改革的顺利开展，也有利于将实践证明行之有效的改革成果及时上升为法律制度，推动现有法治体系的不断完善。新时代新征程，我们党面对的改革发展稳定任务之重前所未有、矛盾风险挑战之多前所未有，依法治国在党和国家工作全局中的地位更加突出、作用更加重大。这就更需要坚持在法治轨道上深化改革、推进中国式现代化，做到改革和法治相统一，重大改革于法有据，及时把改革成果上升为法律制度。

（六）改革要更加注重系统集成

万事万物是相互联系、相互依存的。只有用普遍联系的、全面系统的、发展变化的观点观察事物，才能把握事物发展规律。全面深化改革是由多个改革主体、多项改革内容、多种改革手段和举措构成的一个复杂的系统工程。改革主体与改革内容、改革手段和举措之间相互依存、互为条件，因此，全面深化改革决不能零敲碎打，必须将整体设计和分领域改革联动集成。系统性、整体性和协同性是全面深化改革的鲜明特征。党的十八大以来，全国各地全面深化改革之所以能够有序推进，与强化系统集成，使各方面改革协同高效密不可分。上海富有

关键词一　推进中国式现代化的关键一招

成效的营商环境改革是其中的典型案例。2017年以来，上海连续7年发布了着眼于市场化、法治化、国际化、便利化等多维度集成创新的"优化营商环境行动方案"，发布了超千项改革任务与措施，而且每一年的任务与措施都是对上一年相关任务与措施的延续和升级，相关任务举措同向发力、形成合力，取得了不俗实效，上海营商环境因此持续向好，大大激发了上海市民创新创业活力。截至2023年底，上海市企业总数达289.2万户，相当于每十个上海人中就有一个小老板，密度居全国第一。在推进中国式现代化的新征程上，全面深化改革的范围更

> **知识点链接　改革系统集成**
>
> 　　改革系统集成，是指在全面推进改革中坚持系统观念，是对各领域改革进行集成化推进。具体说，改革系统集成就是在全面深化改革的过程中，聚焦事关现代化建设全局的改革措施与根基性的制度建设，集中力量解决关键性、深层次的体制机制障碍，更加注重改革举措的延续性、创新性、协同性，把握好全局和局部、当前和长远、宏观和微观、主要矛盾和次要矛盾、特殊和一般的关系，不断提高战略思维、历史思维、辩证思维、系统思维、创新思维、法治思维、底线思维能力，从而实现国家治理各领域的历史性变革、系统性重塑、整体性重构。系统集成改革的基本要求包括"坚持系统观念""加强顶层设计""树立战略眼光""注重制度创新""坚持问题导向""强化改革联动与协同"。

广、结构更复杂、难度更大,各领域各环节改革的关联性、互动性明显增强,这就更需要坚持系统观念,着力处理好经济和社会、政府和市场、效率和公平、活力和秩序、发展和安全等多个方面重要关系,增强改革系统性、整体性、协同性。

关键词二
以人民为中心

习近平总书记在 2024 年新年贺词中饱含深情地指出："我们的目标很宏伟，也很朴素，归根到底就是让老百姓过上更好的日子。"党的十八大以来，习近平总书记始终以人民福祉为念，亲自谋划、亲自部署、亲自推动，开启了气势如虹、波澜壮阔的改革新进程，全面深化改革取得历史性伟大成就。深化收入分配制度改革，建成世界上规模最大的教育体系、社会保障体系、医疗卫生体系，个人所得税改革惠及 2.5 亿人，中华民族在几千年历史发展中首次整体消除绝对贫困现象，等等，所有这些改革成就都惠及了老百姓。"往昔已展千重锦，明朝更进百尺竿。"紧扣推进中国式现代化这一主题进一步全面深化改革，必须始终坚持以人民为中心的发展思想和根本立场，牢记人民是推动改革的主体力量，把智慧和勇气凝聚起来，做到改革为了人民、改革依靠人民、改革成果由人民共享，不断凝聚起亿万人民的意志和力量，共同绘就人民美好生活新图景，为推进中国式现代化注入强劲动力。

一、归根到底是为了让人民过上更好的日子

俯瞰湖南省会长沙，一江六水蜿蜒如画。六水之一的龙王港发源于雷锋故里望城区，全长29公里，流经高新区、岳麓

◆◆ 湖南省长沙市湘江两岸风光 （湖南图片库/供图）

关键词二　以人民为中心

区，最后汇入湘江，养育了长沙西北一方百姓。昔日，由于城市人口增加、工业迅速发展，尤其是龙王港沿线两岸密集开发建设，而配套管网、治污设施却没有跟上，许多生活污水直接排入河港里，导致原本清澈的龙王港水质持续恶化，一度蜕变为劣V类河流，严重影响了周边居民的生产生活。新时代以来，在长沙市委、市政府的决策部署下，由湖南湘江新区牵头统筹，与长沙高新区、岳麓区三区联动，龙王港治理成效不断显现。2019年雷锋水质净化厂投运，同时3个治污项目建成通水，龙王港入湘江断面水质连续稳定达到地表IV类以上；2021年，龙王港干流水质达标率100%，年均水质已稳定达到IV类标准。如今的龙王港，河清水秀，生态良好，居民漫步于河滨步道，时不时可见白鹭翩然飞过，野鸭悠然嬉戏，展现了一幅人与自然和谐共处的大美生态画卷。

人民有所呼，改革有所应。龙王港的蝶变是沿河居民心之所盼，见证了我国深化生态体制改革之路，同时也生动体现了我们党始终坚持以人民为中心全面深化改革，让现代化建设成果更多更公平惠及全体人民。

（一）以人民为中心是我们党一脉相承的初心使命

中国共产党是中国工人阶级的先锋队，同时是中国人民和中华民族的先锋队，这决定了我们党必须始终坚持以人民为中心的根本立场。1944年9月8日，在一名八路军战士张思德的追悼会上，毛泽东同志发表了《为人民服务》的著名讲话："我们的共产党和共产党所领导的八路军、新四军，是革命的队伍，我们这个队伍完全是为着解放人民的，是彻底地为人民的利益工作的。"全文短短数百字，深刻诠释了中国共产党作为马克思主义政党，早在成立之初，就已经把"人民"二字铭刻在心、致知于行。

"民之所忧，我必念之；民之所盼，我必行之。"翻看百余年党史，从时传祥、王进喜、雷锋，到焦裕禄、孔繁森、郑培民，再到李保国、廖俊波、黄大年……这些看似一个个平凡的名字，对于14亿多中国人民来说，完全可以称得上耳熟能详、家喻户晓。人民为什么铭记着他们？因为身为共产党员，他们心里始终装着群众。"时代楷模"黄文秀说："只有扎根泥土，才能懂得人民。"黄文秀生于大山，长于大山，北京师范大学硕士毕业后，她毅然回到大山，成为贫困村百坭村的驻村第一书记。从进村开始，黄文秀就努力融入当地生活，挨家挨户走访，学会了桂柳方言；一年多时间，她帮村里引进砂糖橘种植技术，教村民做电商，协调给每个村建起了垃圾池。在黄文秀任上，百坭村103户贫困户顺利脱贫88户，村集体经济收入翻倍。眼见着村民们的日子一天天好起来，却在那个雨夜，在开车返回百坭村的路上，黄文秀遭遇山洪，生命永远定格在了2019年6月17日，那一天，她年仅30岁。历史充分证明，中国共产党

关键词二 以人民为中心

始终是坚持以人民为中心的政党，始终是为人民利益奋斗的政党。"以人民为中心"，从来不是一句轻飘飘的口号，而是一代又一代共产党员的身体力行。

百余年峥嵘，初心不忘。即使走得再远，也不能忘了为什么出发。"中国共产党人的初心和使命，就是为中国人民谋幸福，为中华民族谋复兴。"习近平总书记一系列关于以人民为中心的重要论述铿锵有力、温暖人心。坚持以人民为中心，是我们党一脉相承的初心使命，唯有始终与人民心连心、同呼吸、共命运，才能永葆深厚自信，才能永葆我们党的先进性和纯洁性，才能确保把党的领导贯穿到改革各方面、全过程，把全面深化改革这场伟大革命进行到底。

（二）以人民为中心蕴含中国式现代化的深层逻辑

现代化的最终目标是实现人的自由而全面的发展，是遵循社会发展规律的历史必然。回望近代以来中国社会形态从传统走向现代的沧桑巨变，印证了中国共产党领导的中国式现代化才是历史正确的选择。1840年，鸦片战争一声炮响，西方列强用坚船利炮打开了中国大门，封建的中国逐渐变成半殖民地半封建的国家，国家蒙辱、人民蒙难、文明蒙尘。为实现中华民族救亡图存，一批先驱开始探索推进中国现代化之路，但均以失败告终。之后受俄国十月革命影响，通过新文化运动和五四运动的启蒙与觉醒，中国的先进分子接受了马克思主义，成立了中国共产党，中国革命面貌从此焕然一新。在中国共产党坚强领导下，毛泽东思想、中国特色社会主义理论体系特别是习近平新时代中国特色社会主义思想的人民观一脉相承，推动中华民族这艘巨轮成功驶向以中国式现代化全面推进中华民族伟大复兴的正确航道。

在党的十八届五中全会上，习近平总书记提出新发展理念。新征程上，全面深化改革，立足新发展阶段，必须完整准确全面贯彻新发展理念，聚焦构建高水平社会主义市场经济体制，聚焦发展全过程人民民主，聚焦建设社会主义文化强国，聚焦提高人民生活品质，聚焦建设美丽中国，聚焦建设更高水平平安中国，聚焦提高党的领导水平和长期执政能力，不断开辟中国式现代化新路径。中国式现代化是中国共产党领导的社会主义现代化，之所以走得通、行得稳，关键在于始终坚持人民至上。党的二十大报告指出：中国式现代化，是人口规模巨大的现代化，是全体人民共同富裕的现代化，是物质文明和精神文明相协调的现代化，是人与自然和谐共生的现代化，是走和平发展道路的现代化。以人民为中心，始终是中国式现代化的深层逻辑。

思想的闪电总是先于巨变的雷鸣。党的二十届三中全会指出："中国式现代化是在改革开放中不断推进的，也必将在改革开放中开辟广阔前景。"这充分体现了党中央以进一步全面深化改革开辟中国式现代化广阔前景的坚强决心。当前和今后一个时期,是以中国式现代化全面推进强国建设、民族复兴伟业的关键时期,必须始终坚持以人民为中心,切实把进一步全面深化改革的战略部署转化为推进中国式现代化的强大力量。

(三)以人民为中心是新时代改革开放的价值立场

"国以民为本,社稷亦为民而立。"划时代的党的十八届三中全会,开启了全面深化改革、系统整体设计推进改革新征程的时代。党的十八届三中全会通过的《中共中央关于全面深化改革若干重大问题的决定》指出:"实现发展成果更多更公平惠及全体人民,必须加快社会事业改革,解决好人民最关心最直接最现实的利益问题,努力为社会提供多样化服务,更好满足人民需求。"全面深化改革是一场深刻革命,契合了中国人民要发展、要创新、要美好生活的愿望,必然会成功,也一定能够成功。

思之深,行之笃。全面了解新时代全面深化改革成效,数据是最直观的见证。从提出"大力促进教育公平""统筹城乡义务教育资源均衡配置",到启动实施全面改善贫困地区义务教育薄弱学校基本办学条件,规划新建、改扩建校舍约 2.2 亿平方米,购置教育仪器设备约 1066 亿元,惠及全国 2600 多个县的近 22 万所中小学;从加强社会保障体系建设,到 2023 年底,我国基本养老、失业、工伤保险参保人数分别达到 10.66

新时代改革关键词

◆◆ 宁夏平罗县陶乐中学移民学生体验 VR 技术　（李瑞杰 / 供图）

亿人、2.44 亿人、3.02 亿人……在新时代的伟大改革中,党中央始终践行"人民对美好生活的向往,就是我们的奋斗目标"的庄严承诺,直面人民群众最关心最直接最现实的利益问题,各方面推出 2000 多个改革方案,努力使人民群众劳有所得、学有所教、住有所居、病有所医、老有所养,一个大写的"人"字贯穿始终。

天下事,非新无以为进。党的二十届三中全会明确提出"坚持以人民为中心,尊重人民主体地位和首创精神,人民有所呼、

关键词二 以人民为中心

改革有所应,做到改革为了人民、改革依靠人民、改革成果由人民共享"。从党的十八届三中全会提出"解决好人民最关心最直接最现实的利益问题",到党的二十届三中全会提出"人民有所呼、改革有所应",党中央不断深化对人民的理论与实践的认识,蕴含着历史的再接续、时代的新图景。进一步全面深化改革,唯有始终坚持以人民为中心,方能续写改革开放新篇章。

中国共产党成立100多年,为什么始终能得到老百姓衷心拥护?因为我们党始终全心全意为人民服务。回望过去,我们

知识点链接　坚持以人民为中心的发展思想

坚持以人民为中心的发展思想,是以习近平同志为核心的党中央在继承中国共产党人民观的基础上,在治国理政的长期实践和思考中逐步形成和完善的,体现了党的理想信念、性质宗旨、初心使命,也是对党的奋斗历程和实践经验的深刻总结。党的十九大报告明确提出"必须坚持以人民为中心的发展思想,不断促进人的全面发展、全体人民共同富裕",并将其确立为新时代坚持和发展中国特色社会主义的基本方略之一。这就意味着,坚持以人民为中心的发展思想,不能只停留在口头上、止步于思想环节,而要体现在改革发展稳定、内政外交国防、治党治国治军等方方面面,体现在统筹推进"五位一体"总体布局的各个方面。我们党必须始终把实现好、维护好、发展好最广大人民的根本利益作为党和国家一切工作的出发点和落脚点,解决好人民群众最关心最直接最现实的利益问题,做到发展为了人民,发展依靠人民,发展成果由人民共享。

接续奋斗、砥砺前行，经历了风雨洗礼，看到了美丽风景，取得了沉甸甸的收获；展望未来，进一步全面深化改革，我们要始终坚持以人民为念、汇人民之力，做到改革为了人民、改革依靠人民、改革成果由人民共享。我们党100多年来取得的成绩，就是因为赢得了民心，在全面建设社会主义现代化国家新征程上，我们必定会走得更好。

二、以人民为中心的核心要义

在"文明九江"微信公众号、"掌中九江"App等江西九江主流媒体的首页上，"九江市文明创建群众监督平台"都十分醒目。2023年11月，九江市民江女士通过该平台投诉"九江移动机房空调噪声扰民"问题，随后市文明办、市创文办相关负责人多次召集责任单位和业主召开协调会，并带领工作人员现场督办，优化纠纷解决方式，调整空调外挂机位置，及时解决了群众反映的噪声扰民问题。办一件实事，暖一片人心。九江市文明创建群众监督平台，探索用线上平台建立健全事前征询群众意见建议、事中主动接受群众监督、事后客观听取群众评价的群众参与机制，把共建、共享、共治融入市民日常生活，让文明城市创建既贴心又暖心。

宏伟蓝图由点墨绘就，巨大成功从细处着笔。九江这一实例虽然只是我国全面深化改革千万件大事中的一件小事，却生动体现了以习近平同志为核心的党中央治国理政的价值取向和执政主线。

（一）以人民为中心的价值取向

人民性是马克思主义最鲜明的品格。始终同人民在一起，为人民利益而奋斗，是马克思主义政党同其他政党的根本区别。我们党来自人民、根植人民、服务人民，除了工人阶级和最广大人民群众的利益，党没有自己特殊的利益，任何时候都把群众利益放在第一位。党的十八大以来，以习近平同志为核心的党中央始终把人民利益摆在至高无上的地位，坚持以人民为中心出发谋划和推进改革，坚持老百姓关心什么、期盼什么，改革就抓住什么、推进什么，推出了许多民生所急、民心所向的改革举措，推动全面深化改革取得历史性伟大成就，不断把人民对美好生活的向往变为现实。

新时代波澜壮阔的改革进程背后，"人民"是逻辑起点，也是价值指归。习近平总书记在《关于〈中共中央关于进一步全面深化改革、推进中国式现代化的决定〉的说明》中提到，在决定稿起草过程中，重点把握"坚持人民至上，从人民整体利益、根本利益、长远利益出发谋划和推进改革"。"治国有常，而利民为本。"当我们将目光聚焦党的二十届三中全会《决定》，2.2万多字的决定稿，总论14项改革任务、300多项改革具体举措，人民整体利益、根本利益、长远利益体现在方方面面。站在人民立场上把握和处理好涉及改革的重大问题，从人民利益出发谋划改革思路、制定改革举措，充分展现了《决定》背后人民至上的含金量，为进一步全面深化改革提供了最坚实的依托、最强大的底气和最澎湃的力量。

习近平总书记指出："我们推进改革的根本目的，是要让国家变得更加富强、让社会变得更加公平正义、让人民生活得更加美好。"以人民利益为价值导向，必须完善城乡融合发展体制机制，全面提高城乡规划、建设、治理融合水平，缩小城乡差别，促进城乡共同繁荣发展；健全全过程人民民主制度体系，丰富各层级民主形式，把人民当家作主具体、现实体现到国家政治生活和社会生活各方面；完善中国特色社会主义法治体系，健全法律面前人人平等保障机制，弘扬社会主义法治精神，维护社会公平正义；健全保障和改善民生制度体系，完善基本公共服务制度体系，加强普惠性、基础性、兜底性民生建设，解决好人民最关心最直接最现实的利益问题，不断满足人民对美好生活的向往；深化生态文明体制改革，加快完善落实绿水青山就是金山银山理念的体制机制。

（二）人民是改革的最大动力

历史一再证明，没有人民的支持和参与，改革几乎不可能取得成功。比如，著名的王安石变法，以挽救宋朝政治危机为初

关键词二 以人民为中心

衷,曾在一定程度上改变了北宋积贫积弱的局面;但在变法推行过程中,由于青苗法和免役法等部分举措的不合时宜,以及实际执行中的无序运作,百姓利益受到不同程度的损害,有些百姓所承受的负担甚至比之前更重。《续资治通鉴·宋纪七十九》评价其为:"大害莫如青苗、免役之法,阴困生民,茶盐之法,流毒数路。"青苗法和免役法等伤民措施使得当时的百姓很难共情并参与到变法中,最终在一定程度上加速了变法失败。

依靠人民而改革,改革才有动力。1963年,浙江诸暨的干部群众在实践中创造了"发动和依靠群众,坚持矛盾不上交,就地解决,实现捕人少、治安好"的"枫桥经验"。60多年来,"枫桥经验"历久弥新,始终成为基层社会治理高高飘扬的一面旗帜。1978年11月24日晚,安徽小岗村18位村民在一间低矮破旧的茅草屋里摁下手印,拉开了以包产到户、包干到户为主要形式的农村家庭联产承包责任制的序幕,推广后极大地调动了广大农民的生产积极性,大大解放了农业生产力,到1988年,平均每名农村劳动力创造的农村社会总产值比之前增长1.8倍,平均每年增长10.9%。2018年,中共中央办公厅、国务院办公厅印发《关于深入推进审批服务便民化的指导意见》,把浙江省"最多跑一次"经验做法作为典型经验向全国全面推广,书写了深化"放管服"改革的新篇章。此后,各地涌现出"最多跑一次"改革、"不见面审批"服务、"一次办妥"等众多改革创新举措。通过坚持换位思考,从群众的视角思考政府改革,用群众的语言设定改革目标,以群众的感受确立改革标准,有效提升了政府治理和服务水平,改善了营商环境,让人民生活更美好。

"改革开放在认识和实践上的每一次突破和深化,改革开放中每一个新生事物的产生和发展,改革开放每一个领域和环

知识点链接 新时代"枫桥经验"

新时代"枫桥经验"主要包括以下几个方面:1. 坚持党建引领。新时代"枫桥经验"把党建放在首要位置,充分发挥党组织的核心领导作用,加强基层党的建设和基层政权建设,提高社会治理的政治领导力和组织动员力。2. 坚持人民主体地位。新时代"枫桥经验"强调以人民为中心,充分发挥人民群众的主体作用,推进基层民主建设,提高群众自治能力和参与度,实现人民当家作主。3. 坚持"三治"融合。新时代"枫桥经验"以践行法治、倡导德治、促进自治"三治"融合为基础,构建基层治理新格局,提升基层社会治理效能。4. 坚持"四防"并举。新时代"枫桥经验"强调预防为主、防治结合、加强安全教育和风险管理,以加强社会治安防控。5. 坚持共建共享。新时代"枫桥经验"强调多方参与,推进共建共享,加强公共服务体系建设,提高社会治理的协同性和有效性,实现社会治理人人参与、人人尽责。

关键词二 以人民为中心

节经验的创造和积累,无不来自亿万人民的智慧和实践。"回望过去的奋进路,一切改革的推进,都离不开人民的力量。以人民为中心,就是要把人民群众中蕴藏着的智慧和力量充分挖掘出来,充分调动各方面积极性、主动性、创造性,以此凝聚起持续向前的磅礴力量。

(三)让全体人民共享发展成果

从党的十八大到党的二十届三中全会,从中央全面深化改革领导小组到中央全面深化改革委员会,习近平总书记主持召开 70 多次重要会议,引领波澜壮阔、气象万千的改革航程。习近平总书记深刻指出:"推动社会全面进步和人的全面发展,促进社会公平正义,让发展成果更多更公平惠及全体人民。"这一点如何体现?人民群众的获得感是其中一个重要指标。2015 年 2 月,在十八届中央全面深化改革领导小组第十次会议上,习近平总书记突出强调改革的"获得感"问题,并指出,处理好改革"最先一公里"和"最后一公里"的关系,突破"中梗阻",防止不作为,把改革方案的含金量充分展示出来,让人民群众有更多获得感。

使人民群众获得感更强,始终是新时代改革前行的目标和方向。70 多次会议,一件件关乎百姓的大小事被列入会议议程,成为改革的关注点、发力点。全面深化医疗保障制度改革后,湖南永州市民杨先生说:"我爸患有尿毒症,之前做一次透析要 340 元，一周做 3 次，一个月大概 7000 块钱，但现在医保能够报销 5000 多块，大大减轻了家庭的负担。"全面深化公安改革后，在长沙读书的甘肃籍张同学说："前段时间我的身份证不慎遗失，在'长沙警事'App 上预约了全国跨省异地身份证补领，按要求提交资料后，新的身份证很快就补办下来。"回顾过去 10 多年间，全面深化改革引领着社会民生的巨大变迁，就业、增收、就医、养老、住房，这些关乎群众日常的领域，让人民群众享受发展成果得到了具象化体现。

2023 年 5 月，在山东省济南市召开的企业和专家座谈会上，当有学者发言提到"接下来的这轮改革，力争让更多群体有更强的获得感"时，习近平总书记赞许道："这句话正是点睛之笔，老百姓的获得感是实实在在的。"坚持发展成果由人民共享，是坚持发展为了人民、发展依靠人民的具体体现和最终目的。"为了人民而改革，改革才有意义。"完善收入分配制度，完善就业优先政策，健全社会保障体系……以促进社会公平正义、增进人民福祉为出发点和落脚点，一个个全面深化改革成果惠及全体人民。进一步全面深化改革，必须始终坚持以人民为中心、尊重人民主体地位和首创精神，让现代化建设成果更多更公平惠及全体人民。

三、着力践行以人民为中心的发展思想

在全国开展工伤保险跨省异地就医直接结算试点工作之前，跨省就医需要人们先自行垫付医疗费，再拿全套单据回投保地报销，手续烦琐、报销时间长。2024年4月1日，工伤保险跨省异地就医直接结算试点工作开展后，来自湖南水电八局的职工庾先生因工伤在湖北武汉看病治疗时，凭一张社保卡就可在武汉市第六医院办理工伤住院医疗费直接结算，不仅减轻了资金压力，还省去了湖南和湖北两地来回跑的麻烦。

作为完善医保制度的重要改革举措，跨省异地就医直接结算解决了异地就医结算不便捷等堵点难点问题，让广大人民获得了前所未有的实惠。以点窥面，在波澜壮阔的中国式现代化伟大进程中，以人民起笔，靠制度推进，用治理成效说话，全面深化改革，着力践行以人民为中心的发展思想，取得了彪炳史册的伟绩。

（一）完善制度建设，巩固全面深化改革成果

2024年2月底，湖南永州市司法局公共法律服务中心收到市民陶某送来的"法律援助为民 心系弱势群体"锦旗。事情源于2023年9月，陶某因劳动争议纠纷向该中心寻求帮助。法律援助工作人员审核陶某提交的材料后，认为其经济困难，符合

法律援助条件，当即向陶某介绍法律援助"点援制"制度及律师库的律师信息。根据工作人员提供的帮助和信息进行筛选，陶某选择了其中一家律师事务所办理此案。最后该案胜诉，陶某最终获得30余万元的赔偿款。2015年，中央全面深化改革领导小组第十二次会议审议通过了《关于完善法律援助制度的意见》，推动法律援助咨询服务实现全覆盖，这一现实案例生动印证了全面深化改革"是一场国家制度和治理体系的深刻变革"。

上述制度改革案例只是系列制度变革的一个缩影。事实上，党的十八大以来，以习近平同志为核心的党中央突出制度建设这一主线，通过全面深化改革完善各方面制度，推动中国特色社会主义制度更加成熟更加定型，国家治理体系和治理能力现代化水平明显提高，为全面建成小康社会提供了有力制度保障。但我们也要清醒地认识到，完善中国特色社会主义制度是一个动态过程，必然随着实践发展而不断发展，已有制度需要不断健全完善，新领域新实践需要推进制度创新、填补制度空白。

党的二十届三中全会指出："发展全过程人民民主是中国式现代化的本质要求。必须坚定不移走中国特色社会主义政治发展道路，坚持和完善我国根本政治制度、基本政治制度、重要政治制度，丰富各层级民主形式，把人民当家作主具体、现实体现到国家政治生活和社会生活各方面。"制度建设涉及政治、经济、文化、社会保障等方方面面。全面深化改革进一步向前，支撑中国特色社会主义制度的根本制度不断筑牢、基本制度更加完善、重要制度不断创新，各领域系统完备、科学规范、运行有效的制度体系日渐成型，为当代中国发展进步提供了根本保证。

（二）增进人民福祉，健全多层次社会保障体系

社会保障是保障和改善民生、维护社会公平、增进人民福祉的基本制度保障，是促进经济社会发展、实现广大人民群众共享改革发展成果的重要制度安排，是治国安邦的大问题。保障和改善民生没有终点。习近平总书记在《关于〈中共中央关于进一步全面深化改革、推进中国式现代化的决定〉的说明》中指出："当前，推动高质量发展面临的突出问题依然是发展不平衡不充分。比如……城乡区域发展和收入分配差距仍然较大，民生保障、生态环境保护仍存短板，等等。"

"幸好有了失业保险金，解决了我的基本生活问题。我就可以心无旁骛参加职业培训，找寻发展机遇。"甘肃嘉峪关市的吴先生说。吴先生原是某企业的一名职工，因企业不景气下岗，只能靠领取失业保险金维持生活。通过职业技能培训，吴先生依托"互联网+"找到了一份通过电商平台销售农副产品的工作。近年来，嘉峪关市延续执行失业保险阶段性降低费率和扩大保障范围的利好政策，减收企业社保费14270万元，发放失业保险金12904人次，共2126.49万元，发放农民工一次性生活补助13.44万元，让失业人员基本生活有了保障，为助力企业稳定就业岗位发挥了重要作用。

民之所望，政之所向。党的二十届三中全会通过的《决定》指出，在发展中保障和改善民生是中国式现代化的重大任务。健全分层分类的社会保障体系，要在聚焦精准施策上见真章。确保老有所养，"完善基本养老保险全国统筹制度，健全全国统一的社保公共服务平台"，"健全基本养老、基本医疗保险筹资和待遇合理调整机制，逐步提高城乡居民基本养老保险基础养老金"。确保病有所依，"推进基本医疗保险省级统筹，深化医保支付方式改革，完善大病保险和医疗救助制度，加强医保基金监管"。确保弱有所扶，"健全社会救助体系。健全保障妇女儿童合法权益制度。完善残疾人社会保障制度和关爱服务体系"。确保住有所居，"加快建立租购并举的住房制度，加快构建房地产发展新模式。加大保障性住房建设和供给，满足工薪群体刚性住房需求。支持城乡居民多样化改善性住房需求"。在增进人民福祉、健全多层次社会保障体系上，中共中央进一步全面深化改革不遗余力。

（三）共享发展成果，朝着共同富裕方向稳步前进

"立国之道，惟在富民。"早在2500多年前，孔子就提出了"不患寡而患不均，不患贫而患不安"的均平思想，追求"大道之行，天下为公"。但由于历史局限性，中国古代劳动人民共同富裕的愿景并不具备现实可行性。中国共产党作为马克思主义政党，把带领人民创造美好生活、实现共同富裕作为矢志不渝的奋斗目标，并坚定付诸实践。共同富裕的核心是在做大"蛋糕"基础上分好"蛋糕"。

做大"蛋糕"要靠高质量发展。坚持以经济建设为中心，进一步解放和发展社会生产力，才能够为实现共同富裕奠定雄厚的物质基础。党的二十届三中全会《决定》指出："必须更好发挥市场机制作用，创造更加公平、更有活力的市场环境，实现资源配置效率最优化和效益最大化，既'放得活'又'管得住'，更好维护市场秩序、弥补市场失灵，畅通国民经济循环，激发全社会内生动力和创新活力。"

在做大"蛋糕"的同时，必须进一步分好"蛋糕"。合理的分配制度能够激发人们的积极性和创造力，促进社会的发展，有助于缩小贫富差距，减少社会矛盾，维护社会稳定。党的二十届三中全会《决定》指出："构建初次分配、再分配、第三次分配协调配套的制度体系，提高居民收入在国民收入分配中的比重，提高劳动报酬在初次分配中的比重。"从做"蛋糕"到分"蛋糕"，直面"如何让14亿多人口整体迈入现代化、实现共同富裕"这个问题，《决定》用一条条措施给出答案。顺应时代发展新趋势、人民群众新期待，进一步全面深化改革为推动高质量发展、推进中国式现代化、促进共同富裕提供了强劲动力和有效保障。

历史的浪潮奔涌不息，时代的崛起还看今朝。进入新时代，以习近平同志为核心的党中央始终坚持以人民为中心的发展思想，把人民利益放在最高位置，把人民对美好生活的向往作为奋斗目标。紧扣推进中国式现代化这一主题，党的二十届三中全会《决定》从人民的整体利益、根本利益、长远利益出发谋划和推进改革，注重从群众关注的焦点、百姓生活的难点中寻

知识点链接 初次分配、再分配及第三次分配

2021年8月17日，习近平总书记在中央财经委员会第十次会议上指出："要坚持以人民为中心的发展思想，在高质量发展中促进共同富裕，正确处理效率和公平的关系，构建初次分配、再分配、三次分配协调配套的基础性制度安排……"初次分配是最开始的一轮财富分配，属于按照市场效率原则所进行的分配，即多劳多得。这一部分主要是工资、合法收入一类的财富。再分配是在初次分配的基础上，由政府按照兼顾公平和效率的原则，并侧重公平原则，通过税收、社会保障进行再分配。三次分配主要靠个人自愿，即个人或者组织在自愿的基础上拿出自己的部分财富，进行公益慈善事业。构建初次分配、再分配、三次分配协调配套的基础性制度安排，是全面深化改革的关键一环，能够有力保护合法收入，合理调节过高收入，坚决取缔非法收入，增加低收入者收入，扩大中等收入者比重，使发展成果更多更公平惠及全体人民。

关键词二　以人民为中心

找改革的发力点和突破口，切实贯彻改革为了人民、改革依靠人民、改革成果由人民共享。实践充分证明，坚持人民至上谋划和推进改革，把改革方案的含金量充分展示出来，以实绩实效和人民群众满意度检验改革，我们一定能在新的赶考之路上向历史和人民交出新的优异答卷。

关键词三
完善高水平对外开放体制机制

开放立潮头，扬帆再启航。当前，世界之变、时代之变、历史之变正以前所未有的方式展开，远超一时一事、一域一国之变，变局范围之宏阔、程度之深刻、影响之久远，都十分突出。新一轮科技革命和产业变革深入发展，世界百年未有之大变局加速演进，外部不确定性增加，深化改革、扩大开放面临新的形势和任务。开放是中国式现代化的鲜明标识。党的二十届三中全会通过的《决定》对"完善高水平对外开放体制机制"作出部署，为新时代新征程以开放促改革促发展、推进中国式现代化提供了重要遵循。

关键词三　完善高水平对外开放体制机制

一、着力打造开放的鲜明标识

不断扩大对外开放、提高对外开放水平，以开放促改革、促发展，是我国发展不断取得新成就的重要法宝。历史证明，关起门来搞建设不会成功，开放发展才是正途。完善高水平对外开放体制机制，不仅能够实现中国同世界各国高水平的合作共赢，更是促进中国深层次改革、开辟高质量发展新空间、推进国家治理体系和治理能力现代化的重要手段。

（一）主动对接世界，引领时代发展的客观需要

"不拒众流，方为江海。"中国式现代化是走和平发展道路的现代化，完善高水平对外开放体制机制彰显了中国以自身开放促进世界共同开放、以自身新发展为世界创造新机遇的宏大格局。

一方面，中国的发展离不开世界。改革开放以来，中国的综合国力以及经济、科技、军事等方面的实力都有巨大的提升，实现了全方位的跨越式进步，不仅迅速超越许多发展中国家，而且大大缩小了与发达国家的差距，经济总量已经位居世界第二。但也要看到，我国多数产业还处于世界产业链的中低端，产品技术含量低，经济增长质量还有待提高，不仅经济、科技、军事和综合国力与美国相比还有较大差距，而且与其他发达国家相比，在经济质量、科技实力、创新能力等方面也还有一定的差距。中国现实国情证明了开放是人类文明进步的重要动力，迄今为止没有一个国家能够在封闭的条件下实现现代化，中国需要不断融入世界市场，增强自身经济活力。新时代以来，中国依托超大规模市场优势，以国内大循环吸引全球资源要素，全力打造"一带一路"国际合作新平台，大幅消除与共建国家的贸易投资壁垒，加强全方位互联互通，拓展相互投资和产业合作领域，深化互利共赢的经贸伙伴关系，共同做大世界经济的蛋糕。

另一方面，世界的繁荣离不开中国。改革开放以来，随着中国经济的腾飞，中国成为世界经济增长的重要引擎，中国巨大的投资和商品市场为世界各国尤其是发达国家提供了大量商机，同时中国经济快速发展和社会长期稳定的经验也为广大发展中国家提供了借鉴。近年来，随着地缘竞争和局部地区战争的加剧，特别是新冠疫情后经济下行压力的影响，全球范围内不断掀起保护主义、单边主义浪潮，严重冲击第二次世界大战以来的国际经济贸易秩序，多边贸易体制面临前所未有的严峻挑战。而以西方国家为主导的全球治理体系出现变革迹象，争夺全球治理和国际规则制定主导权的较量十分激烈。西方发达国家在经济、科技、政治、军事上的优势地位尚未改变，更加公正合理的国际政治经济秩序的形成依然任重道远。

关键词三　完善高水平对外开放体制机制

"小智治事，大智治制。"习近平总书记强调，"只有合作共赢才能办大事、办好事、办长久之事"。全球治理体系只有适应国际经济格局新要求，才能为全球经济提供有力保障。在"逆全球化"不断加深的背景下，中国作为世界上最大的发展中国家，在推进中国式现代化进程中始终坚持经济全球化正确方向，反对保护主义、单边主义，同其他发展中国家同呼吸、共命运，坚定维护发展中国家共同利益，坚定不移发展开放型世界经济，加快推进高水平对外开放，在推动全球治理体系变革和构建人类命运共同体等方面主动承担大国责任，展现大国担当，为促进世界各国共同发展贡献中国智慧和中国方案。

（二）促进改革创新，实现体制变革的现实要求

"机者如神，难遇易失。"当今世界正经历百年未有之大变局，是挑战，更是机遇，中国要想抓住第三次科技革命的时代机遇，就必须坚持深化改革开放。坚持高水平对外开放与推进深层次改革，统一于中国式现代化的伟大实践。

从历史维度看，党的十一届三中全会以后，党中央科学准确研判世界发展大势，把经济特区作为改革的重要试点，实现了对原有计划经济体制和封闭半封闭经济模式在体制上和空间上的突破。在经济特区试验成功后，又通过沿海开放城市、经济技术开发区、沿海经济开放区等区域渐进式推动改革向纵深发展，抓住了经济全球化的历史性机遇，果断加快对外开放的

步伐,实现了我国同世界关系的历史性变革。在逐步扩大对外开放的过程中,来自西方发达国家的发展经验和先进成果也源源不断涌入国内,为中国经济体制改革提供了借鉴和参考,推动了中国特色社会主义市场经济体制的建立和完善。

从现实维度看,中国经济已由高速增长阶段转向高质量发展阶段,与之而来的是过去作为支柱性产业的房地产等产业困境加剧,国内劳动力结构迈向拐点,人口红利逐渐消失,特别是新冠疫情以后中国经济增速放缓,加之同美国的长期贸易摩擦,在低成本竞争优势不断减弱和国际"逆全球化"思潮抬头、产业链供应链"脱钩断链"风险居高不下的背景下,中国原有的对外开放模式逐渐无法适应不断变化发展的现实情况,因而转变对外开放模式、推动高水平对外开放迫在眉睫。习近平总书记指出:"要坚定不移实施对外开放的基本国策、实行更加积极主动的开放战略,坚定不移提高开放型经济水平,坚定不移引进外资和外来技术,坚定不移完善对外开放体制机制,以扩大开放促进深化改革,以深化改革促进扩大开放,为经济发展注入新动力、增添新活力、拓展新空间。"党的十八大以来,以习近平同志为核心的党中央围绕扩大对外开放作出了一系列重大决策部署。在开放布局上,以"一带一路"建设为重点,坚持引进来和走出去并重,深化沿海开放,陆海内外联动、东西双向互济的全方位、多层次、宽领域的全面开放新格局加快

关键词三 完善高水平对外开放体制机制

形成;在开放领域,大幅放宽市场准入,进一步扩大服务业开放,实行高水平的贸易投资自由化便利化政策,对外开放向深层次拓展;在开放体制上,建设自由贸易试验区,设立自由贸易港,全面实施准入前国民待遇加负面清单管理制度,开放型经济新体制更加健全;在开放共赢上,积极参与全球经济治理,举办中国国际进口博览会,为建设开放型世界经济、推动构建人类命运共同体贡献了中国智慧、中国方案。

> **知识点链接 "脱钩断链"**
>
> "脱钩断链"是指美国政府在霸权和冷战思维作祟下,采取多种保护主义做法,试图降低中美经济相互依存度,甚至企图把中国挤出现有国际经济体系的一系列做法。这种做法不仅会阻碍全球科技进步,损害全球产业发展,而且会拉大全球发展鸿沟。"脱钩断链"是一把双刃剑,伤害别人的同时也会损害自己的利益。中国不赞成"脱钩断链","脱钩断链"也无法阻挡中国的发展,因为我们的发展始终是建立在自己力量的基点上,中国的科技进步不会因为任何限制打压被阻挡。中国主张,开放合作才是探索科技前沿、推动科技发展的正确选择,搞"脱钩断链""小院高墙"只会阻碍全球科技进步,损害全球产业发展,拉大全球发展鸿沟。

(三)健全治理体系,提高治理能力的题中应有之义

"万物得其本者生,百事得其道者成。"党的二十大报告指出:"深入推进改革创新,坚定不移扩大开放,着力破解深

层次体制机制障碍,不断彰显中国特色社会主义制度优势,不断增强社会主义现代化建设的动力和活力,把我国制度优势更好转化为国家治理效能。"以中国式现代化全面推进中华民族伟大复兴,动力仍在全面深化改革。

中国特色社会主义进入新时代以来,我国坚定不移推进全面深化改革,扩大对外开放,着力构建开放型经济新体制,取得了一系列新成就,实现了一系列新变革。但也要看到,随着我国社会主要矛盾发生变化,我国发展处于新的历史方位,国家治理面临许多新任务新要求,必然要求不断完善国家治理体系,不断提升治理能力。一方面,对外开放在消除"边境后"壁垒、完善社会主义市场经济体制、促进国家治理体系和治理能力现代化方面发挥作用不够,国内规则、规制、管理、标准的制度建设不够完善;另一方面,对外开放还存在不平衡、不协调问题,东快西慢、沿海强内陆弱的状况,贸易发展相关领域不平衡不充分等问题仍然存在。为此,既需要进一步发挥高水平对外开放对全面深化改革的带动效应,以国内统一大市场为内核,吸引国际中高端要素资源向国内汇聚,进一步扩大优势生产要素市场的空间规模,提升要素市场竞争力,提升经济要素的流动性与灵活性,引导各类要素协同向先进生产力集聚;又需要在高水平对外开放条件下,技术、知识、人力资本等高级生产要素参与更高层次的国际分工,能够更有能力拓展和延长价值链，更有竞争力、有实力"走出去"，充分发挥中国优势要素市场的积极作用。既需要着力解决区域发展不平衡不充分问题，依托国内统一大市场打破各地区自我小循环，消除区域之间阻碍生产要素流动以及商品和服务流通的地方保护主义，充分发挥区际外溢效应，形成国内各地区间相互协调的一体化竞争机制，提高地区间相互开放的程度和水平，促进地区间商品要素资源的充分自由流动和高效集聚，从而有序拓展整合配置空间，积极拓展市场渠道，扩大业务范围；又需要积极推动地区间按现代产业链要求进行分工协作，消除行业之间以及部门之间阻碍生产要素流动的垄断行为、不合理政策和规定等，促进地区间的公平竞争和产业分工合作，从而在全国范围内布局基于比较优势的产业链，建设世界级先进制造业产业集群。

二、高水平对外开放体制机制的核心要义

推进中国式现代化当前最紧迫的任务就是建设与高质量发展相适应的体制机制。改革开放以来，中国对外开放的领域不断拓展，内容也愈加丰富，实现了由高度集中的计划经济体制向与国际经贸规则相接轨的社会主义市场经济体制的根本转变，走出了一条以扩大开放促进深化改革、以深化改革促进扩大开放的新路子。高水平对外开放的核心特征之一就是制度型开放。

随着改革进入"深水区",高水平对外开放不仅会冲击部分固化的利益藩篱,甚至可能会"伤筋动骨"。只有牵住制度型开放的"牛鼻子",以高水平对外开放的体制机制建设推动改革"闯滩涉水",才能真正实现高水平开放与高质量发展在制度层面的高度统一。

(一)中国对外开放的升级版

1978年以来中国充分利用出口导向的劳动密集型产业跨境转移与机遇,快速融入世界经济体系,成为世界贸易大国,并有力推进了中国工业化进程。"以开放促改革"成为中国经济实体迅速腾飞的重要经验。但自2008年国际金融危机以来,国际经济政治格局发生巨大变化,全球经济进入了极度不平衡不稳定时期,全球化红利驱动力不足,外贸出口增速明显减缓,中国要想在全球开放的新趋势下化解挑战、获得新的机遇,适应新的国际贸易与投资环境,建立有效的风险防范体系,并通过打造新一轮对外开放的升级版,寻求新的增长动力,就必须立足高水平对外开放的体制机制建设稳预期、调结构、促发展。

党的十八大以来,面对复杂多变的国际环境,中国实行更加主动、积极的开放战略,对外开放事业取得历史性成就、发生历史性变革。习近平总书记多次指出,中国开放的大门不会关闭,只会越开越大。开放是当代中国的鲜明标识,并向世界宣布了中国对外开放的四大新举措:一是大幅度放宽市场准

关键词三　完善高水平对外开放体制机制

入，二是创造更有吸引力的投资环境，三是加强知识产权保护，四是主动扩大进口，逐步探索出一条以体制机制创新助力中国对外开放的新路子。近年来，中国开启了构建现代税收制度体系的改革，全面实施资源税从价计征改革，开展水资源税试点，完善消费税制度，出台实施环境保护税法，率先实施了一系列重大减税降费改革措施，修订外商投资负面清单，全面落实准入前国民待遇加负面清单管理制度，立足体制机制下好"先手棋"，打好"主动仗"。各地方也积极主动进行对外开放的体制机制创新，如：上海金山区推行一系列改革举措，行政审批权下放成为提高效率的重要一步；广东自由贸易试验区南沙片区共形成376项改革创新成果，涵盖政务服务创新、证照分离

◆◆ 广东自由贸易试验区南沙片区　　（汉华易美/供图）

改革、商事制度改革、事中事后监管体制建设等内容，显著提升了营商环境；山东省公布了 84 项涉地税业务"最多跑一次"清单和 23 项"全程网上办"清单，最大限度地为企业节省了办税成本。

建立高水平的对外开放体制机制，促进全面深化改革，是我国在新征程上把握历史主动，赢得社会主义现代化建设新胜利的重要举措。高水平对外开放体制机制在更深、更宽、更广的层面上拓展了对外开放的理论内涵。一是形成以绿色发展理念为引领的生态型开放体制机制，推动了绿色经济的健康发展，为人与自然和谐共生拓宽了发展空间。二是构建互利共赢式共享型开放和共治型开放体制机制，借助更深层次开放体制效应和巨大人口规模优势，开放范围由主要面向发达国家转向面向更多发展中国家，向更多产业领域拓展，合理优化了人员配置结构，在创造更多就业机会的同时完善了产业链，不断提升了全球治理话语权，为世界和平发展拓宽了发展空间。三是构建并完善兼收并蓄的包容型开放体制机制，畅通发达地区和欠发达地区经济交流，为解决发展不平衡不充分的问题提供重要途径。

（二）高质量发展体制机制的有机组成部分

党的二十大报告明确指出，高质量发展是全面建设社会主义现代化国家的首要任务。新时代，我国仍处于并将长期处于

关键词三　完善高水平对外开放体制机制

社会主义初级阶段,仍是世界上最大的发展中国家,我国必须加强对经济工作的战略谋划,坚持高质量发展,不断提高生产力水平。

高质量发展强调以新发展理念引领改革,立足新发展阶段,深化供给侧结构性改革,核心在于满足人民日益增长的美好生活需要,涉及政治、经济、文化、社会、环境等多个方面。高质量发展,是体现新发展理念的发展,是创新成为第一动力、协调成为内生特点、绿色成为普遍形态、开放成为必由之路、共享成为根本目的发展。开放发展作为高质量发展的重要组成部分,在进一步全面深化改革的过程中,旨在高水平扩大对外开放,在更深层次上推动规则、规制、管理、标准等制度型开放,打造透明稳定、可预期的制度环境,以更加积极、包容、

知识点链接　高质量发展

2017年,中国共产党第十九次全国代表大会首次提出高质量发展的新表述,表明中国经济已由高速增长阶段转向高质量发展阶段。高质量发展根本在于经济的活力、创新力和竞争力。2024年7月15日至18日,党的二十届三中全会提出,高质量发展是全面建设社会主义现代化国家的首要任务。必须以新发展理念引领改革,立足新发展阶段,深化供给侧结构性改革,完善推动高质量发展激励约束机制,塑造发展新动能新优势。

开放的姿态融入全球经济体系，倡导国际交流与合作，不断提升国际竞争力和影响力。为更好地适应经济全球化的发展趋势，急需建设和完善更高水平的开放型经济新体制。要健全更高水平的开放型经济新体制，深化外贸体制改革，深化外商投资和对外投资管理体制改革，完善境外投资监管体系和服务平台等。完善高水平对外开放体制机制是开拓广阔发展空间的必由之路。在新的历史条件下，必须坚持对外开放基本国策不动摇，以高水平对外开放促进全面深化改革，健全高水平对外开放体制机制，为完善高质量发展提供新的活力。

（三）进一步全面深化改革的重点任务

全面深化改革面对的是深层次体制机制问题，对改革顶层设计的要求更高，对改革的系统性、整体性、协同性要求更强。全面深化改革是解放和发展社会生产力的关键，重点在于着力破解体制机制深层次的结构性矛盾，找准改革的发力点和突破口，以高质量发展助推改革。高水平开放是高质量发展的必由之路。习近平总书记在党的二十大报告中把"坚持深化改革开放"作为推进中国式现代化的一个重要原则，应对内外挑战，把握发展主动权，必须用好改革开放这一重要法宝，以高水平开放促进更深层次的改革、推动经济的高质量发展。中国式现代化的鲜明标识是开放，以中国式现代化为主题的全面深化改革必然是高水平对外开放。因此，健全多边共享机制，深化外贸体制改革，加快推动制度型开放，建设更高水平开放型经济新体制，合理优化区域开放布局，进一步构建全面开放新格局，是全面深化改革、推进中国式现代化的重中之重。

三、进一步完善高水平对外开放体制机制

从制度型开放角度看，就是要迈向新的高度和实现新的突破。目前，对标国际高标准经贸规则，我国与之相比仍存在较大差距，开放型经济新体制依然有待进一步完善，构建高水平开放型经济新体制任重道远。为此，要坚持顶层设计与试点探索相结合的思路，实施更具系统性、前瞻性、战略性的改革开放举措，全面扩大我国在全球多边规则框架中的影响力与主导权。

（一）主动对接国际高标准经贸规则，稳步扩大制度型开放

制度型开放是我国推动高水平对外开放的重要标志。与商品和要素流动型开放相比，规则、规制、管理、标准等制度型开放是更深层次、更高水平、更加稳定的开放，中国从商品、要素流动型开放走向制度型开放，既体现了经济全球化的一般规律和发展趋势，也适应了中国由高速增长阶段转向高质量发展阶段的特征和需要。未来中国应积极把握新一代国际经贸规

则演变的特点，加强制度创新，积极应对国际经贸规则重构，加快推进制度型开放。

推进制度型开放是一项系统工程，需要统筹开放与发展、开放与改革、开放与创新、开放与安全，整体谋划推进和局部试点试验相结合，以我为主、稳步推进。

率先在具备条件的试点对接相关国际高标准经贸规则。提升数字贸易自由化水平，加大知识产权保护力度，营造公平透明的营商环境。目前，中国参与制度竞争更多采取的是空间维度的区域供给规则，加强区域合作，构建双边贸易以及区域贸易协定。如加入《区域全面经济伙伴关系协定》（RCEP），以及申请加入跨大洲的《全面与进步跨太平洋伙伴关系协定》（CPTPP），这是中国基于自身实力和影响力作出的较为理性的制度策略选择。未来中国也要做好时间维度上多种制度长期并存和持续供给的准备，这是大国作为制度供给国的责任体现，直接影响其他参与国的选择和信任程度。

继续放宽市场准入，缩减外资准入负面清单。完善准入前国民待遇加负面清单管理制度，推动农业和制造业全方位开放，有序扩大电信、医疗等服务业领域开放。扩大外商投资范围，提高利用外资质量和水平，健全外资服务体系，打造市场化、法治化、国际化营商环境。

推动自由贸易试验区、自由贸易港高质量发展。完善自由

关键词三　完善高水平对外开放体制机制

贸易试验区布局，发挥自由贸易试验区先行先试作用，出台自由贸易试验区跨境服务贸易负面清单，赋予自由贸易试验区更大改革自主权，加大开放压力测试，持续释放改革红利。

◆◆　上海自由贸易试验区临港新片区　（汉华易美/供图）

统筹好开放和安全，推动形成公平竞争的良好环境。要将制度型开放成果上升为法律法规，推进国内相关领域立法修法和管理制度调整，完善公开透明的涉外法律体系，推动对外开放领域治理体系和治理能力现代化。

知识点链接　国际高标准经贸规则

高标准经贸规则，也称为高水平经贸规则。在谈到高标准经贸规则时，很多情况下是与世界贸易组织（WTO）相对而言的，即其标准高于WTO规则。它具有三个显著特点：一是高标准经贸规则可能在现有WTO规则基础上具有更高的标准。其最典型的情况是更低的约束关税水平、更长的知识产权保护年限等。二是高标准经贸规则可能在现有WTO规则之外涵盖更多的新规则。也就是说，WTO没有相关规则，为应对新的问题形成的新规则。一个区域贸易协定如果存在较多的WTO规则所涵盖不了的规则，即存在新议题新规则，往往可能被认为是一个高标准协定。当前高标准协定中就新议题建立新规则的一个重要特点是更加强调"边境后"规则。高标准规则不仅仅是更低的关税、更少的服务贸易准入限制和更少的外资股权限制，而且要求更加公平的"边境后"规则。这里的公平，既包括不能对进口商品、进口服务和外资设立高于国内货物服务和资本的国内监管标准，也包括不能以低环境标准和低劳工标准来吸引投资。三是高标准经贸规则可能更加具有约束性和可执行性。也就是说，出现与相关规则有关的争端可以提交相关机构解决，可执行，而非仅仅是"尽最大努力"之类的缺乏约束的规则。

（二）深化外贸体制改革，建设高水平开放型经济新体制

从长远看，我国外贸要坚持走以质取胜之路，抓住重点市场、重点领域、重点产品，以质升促进量稳，在贸易创新发展中保持国际市场份额基本稳定。

推动货物贸易优化升级。货物贸易是中国对外贸易发展的

关键词三　完善高水平对外开放体制机制

基础，中国既要做强一般贸易、提升加工贸易，又要创新贸易发展方式，提高跨境电商、离岸贸易和市场采购等外贸新模式新业态所占比重。有条件的地方还应该积极部署海外仓，因为部署海外仓后，本地货物只要出口到海外，无论是否在国外市场销售完毕，都会计算在出口贸易当中。此外，各地还要重视品牌建设，打造更多享誉全国乃至世界的知名品牌。

创新服务贸易发展机制。习近平总书记十分重视服务贸易发展，他曾明确指出："服务贸易发展前景广阔、潜力巨大，我们应该抓住机遇，携手开创'全球服务、互惠共享'的美好未来。"商务部也曾明确表示，中国将有序扩大金融、保险、咨询、电信、医疗、教育和养老等服务业领域开放。如何才能更好地发展服务贸易，更多还是要进一步解放思想，化思想武器为发展动力。比如，在跨境服务业开放上，2019年全球市场规模近7000亿美元，而中国当年包括跨境消费的入境收入仅为303亿美元，仍然有很大的发展空间。

大力发展数字贸易。数字贸易已经成为中国外贸发展新优势不断凸显的重要领域。2022年全球数字贸易企业100强中，中国占比远超美国，位居全球第一。但中国数字贸易的地区差异很大，发展较弱的地区要有超常规的思维和工作部署，抓住机遇，加快发展，抢时间、争速度，争取取得新突破。

除此之外，我国应积极参与全球贸易投资谈判，加快构建开放型经济新体制。既应继续坚定支持多边贸易体制，积极参与世界贸易组织改革，加快推动恢复上诉机构正常运行，加快推进电子商务、渔业补贴、投资便利化、贸易与环境等议题谈判；又应加快升级现有自由贸易协定（FTA），积极推动RCEP各参与方尽快将服务贸易规则中的正面清单模式转为负面清单模式，有效减少边境壁垒；还应深入参与数字贸易、绿色发展、产业链供应链等新兴领域规则制定等。重点以CPTPP谈判作为制度型开放契机，在知识产权保护、补贴政策、政府采购、国有企业等"边境后"领域，加快形成高水平的新型规则体系。

（三）深化外商投资和对外投资管理体制改革，加强高水平制度供给

当前，我国吸引外资面临一些外部扰动因素，国际招商引资竞争加剧。要把吸引外资放在更加重要的位置，在招商引资方面落实和完善政策举措，增强外商投资信心，努力保持和巩固我国利用外资大国地位。

加快营商环境优化升级。应对我国近年来改革探索形成的成熟做法加以提炼和系统集成，使我国制度型开放体系更加市场化、法治化、国际化，积极推动"边境后"改革举措加快落地。目前，世界银行、联合国贸易和发展会议、国际电信联盟、世界知识产权组织、世界经济论坛等组织纷纷将数字营商环境纳入评价指标体系，数字营商环境也成为吸引外资的重要参考

关键词三 完善高水平对外开放体制机制

指标。为此，应当对标世界银行新的营商环境评价指标体系，加快数字营商环境改革，推动评价体系中高标准经贸议题规则落地，不断补齐营商环境国际化的短板弱项，落实各领域营商环境指标，力争进入国际化先进行列。

扩大鼓励外商投资产业目录。列入《鼓励外商投资产业目录》的领域，可享受进口自用设备免征关税、优先供应土地等优惠待遇，西部地区还可减按15%缴纳企业所得税。现行《鼓励外商投资产业目录（2022年版）》总条目1474条，其中全国目录519条，中西部目录955条。要对目录进行修订，引导外资投向先进制造、现代服务、高新技术、节能环保等领域，并扩大中西部地区鼓励范围。鼓励外资企业境内再投资方面，我国对境外投资者从中国境内居民企业分配的利润，用于境内直接投资暂不征收预提所得税。下一步，要优化政策实施方式，放大政策效应，鼓励外资企业长期扎根中国发展。

加强外商投资服务保障。要继续发挥外资企业圆桌会议制度作用，切实推动解决外商在华投资经营中的实际困难和问题。围绕打造"投资中国"品牌，办好一系列重点活动，加大"走出去"引资力度，提升招商活动实效。提升外籍人员来华工作、学习、旅游便利度，对于解决外商后顾之忧、营造良好投资环境具有重要意义。要进一步优化签证通关等政策，优化支付服务、提升境外来华人员支付便利性，发布并适时更新《外国商务人士在华工作生活指引》。

（四）优化区域开放布局，打造更多高水平开放平台

长期以来，中国对外开放有两大特征：一是贸易伙伴以发达经济体为主，二是外资外贸主要集中在东部地区。一方面，这意味着东部一些地区已开始接近或跨越发达国家或地区的门槛，成为不断隆起的地区经济高地；另一方面，这也意味着中西部地区的发展潜力巨大。因此，高水平对外开放不仅要内外联动，而且要陆海联动、东西互济，进而改变过去东快西慢、沿海强内陆弱的开放格局。即推进高水平对外开放，中国不能仅向发达国家开放，更要向发展中国家开放；不能主要开放东部地区，更要开放中西部地区，体现的就是均衡发展内涵的自然延伸。

要实现高水平对外开放的区域开放布局优化，一是要巩固东部沿海地区开放先导地位，提高中西部地区和东北地区开放水平。二是要以"一带一路"建设为重点，不断扩大对外开放的"朋友圈"。三是要加快建设西部陆海新通道，加快建设海南自由贸易港，实施自由贸易试验区提升战略，扩大面向全球的高标准自由贸易区网络。既要稳住对发达国家出口，又要重视发展中经济体的未来发展潜力，尽快打通向西开放的多条关键通道和口岸，这是因为西部陆海新通道不仅能把陆上丝绸之路与海上丝绸之路连接起来，更能辐射中国—中南半岛经济走廊、孟中印缅经济走廊、新亚欧大陆桥经济走廊、中国—中亚—西亚经济走廊等经济走廊，还能纵贯中国西部九省（区、市）内外开放的大动脉。

（五）完善推进高质量共建"一带一路"机制，让中国大市场成为世界大机遇

当今世界，一家独大、赢者通吃的路越来越走不通，越来越多的问题需要世界共同面对，越来越多的议题需要各国加强协调。共建"一带一路"是习近平总书记深刻把握世界大势、着眼人类前途命运提出的重大国际合作倡议，自2013年被提出以来，共建"一带一路"的影响力在全球范围内不断扩大，"一带一路"成为当今世界深受欢迎的国际合作平台。在新的起点上，要推动共建"一带一路"高质量发展取得新成效，应坚持共商、共建、共享原则，秉持开放、绿色、廉洁理念，深化务实合作，加强安全保障，促进共同发展。

进一步加强全方位互联互通。习近平总书记指出："共建'一带一路'，关键是互联互通。"基础设施是互联互通的基石，也是许多国家发展面临的瓶颈。要充分发挥各国资源禀赋优势，建设更多高质量、可持续、包容可及的基础设施；加快建设中欧班列、陆海新通道等国际物流和贸易大通道，发展"丝路电商"，帮助更多国家提升互联互通水平；坚持以企业为主体、以市场为导向，遵循国际惯例和债务可持续原则，建立健全多元化投融资体系。

拓展第三方市场合作。为了拓展共建"一带一路"合作空间，既要做优做精重大项目，构筑互利共赢的产业链、供应链体系；又要打造一批产业定位清晰、区位优势突出、运营管理先进、生态效益明显的合作区，带动当地就业，促进当地经济发展；还要促进我国企业和各国企业优势互补，完善第三方市场合作机制。

加强规划政策对接和人文交流。要不断完善多双边经贸合作机制，继续推动与各国发展战略、区域和国际发展议程有效对接，发掘合作新潜力；要按照高标准、惠民生、可持续目标，对接普遍接受的国际规则标准，提升"软联通"水平；要深化公共卫生、数字经济、绿色发展、科技教育等领域合作，促进人文交流，增进民心相通。

高水平对外开放是更大范围的对外开放、更广领域的对外开放、更深层次的对外开放、更加安全的对外开放。习近平总书记强调："中国开放的大门永远不会关上，利用外资的政策不会变，对外商投资企业合法权益的保障不会变，为各国企业在华投资兴业提供更好服务的方向不会变。"中国在强国复兴新征程上，坚定不移全面扩大开放，以高水平对外开放拓展中国式现代化的发展空间，一定能创造出令世界刮目相看的新奇迹，展现出中国式现代化的新气象。

关键词四
建设美丽中国

生物多样性丧失、气候变化、环境破坏是全球共同面临的危机。据预测，到 2030 年，全球生态系统退化每年将导致 3 万亿美元损失。党的十八大以来，在以习近平同志为核心的党中央的谋划与推动下，中国积极践行绿色发展理念，出台了《关于构建现代环境治理体系的指导意见》《中共中央国务院关于全面推进美丽中国建设的意见》《中共中央国务院关于加快经济社会发展全面绿色转型的意见》等重要文件，以清晰明确的时间表和路线图，统筹推进美丽中国建设。党的二十届三中全会强调："必须完善生态文明制度体系，协同推进降碳、减污、扩绿、增长，积极应对气候变化，加快完善落实绿水青山就是金山银山理念的体制机制。"要完善生态文明基础体制,健全生态环境治理体系,落实生态保护红线管理制度,健全绿色低碳发展机制。

一、建设美丽中国,实现中华民族永续发展

习近平总书记指出,"人类应该以自然为根,尊重自然、顺应自然、保护自然","我们要像保护眼睛一样保护自然和生态环境"。党的十八大以来,我们党把建设良好生态环境作为最普惠的民生福祉,加强对生态环境的高水平保护和建设,有力地推进了我国社会经济的高质量发展,让绿色成为普遍形态,全面实现自然财富、生态财富、社会财富、经济财富同步增长。党的二十届三中全会通过的《决定》明确强调,进一步推进全面深化改革,必须聚焦建设美丽中国。

(一)中国式现代化是人与自然和谐共生的现代化

实现人与自然和谐共生是人类共有的理想追求。人与自然和谐共生的现代化蕴含着人类对美好未来的憧憬与追求,这既是对国内生态保护与经济发展矛盾的深刻反思,也是对全球生态问题和资源可持续利用问题的积极回应。它不仅是一种理念,更是实践的指南,指引我们走向绿色、和谐、可持续的未来。

中国式现代化是人与自然和谐共生的现代化,美丽中国建

关键词四　建设美丽中国

◆◆ 2016年3月19日，湖南省长沙市岳麓区莲花镇春色如锦　（湖南图片库/供图）

设是中国式现代化建设的题中应有之义。党的十八大以来，以习近平同志为核心的党中央把生态文明建设作为关系中华民族永续发展的根本大计，开展了一系列开创性工作，决心之大、力度之大、成效之大前所未有，生态文明建设从理论到实践都发生了历史性、根本性、全局性变化，美丽中国建设迈出重大步伐。据统计，2023年，全国339个地级及以上城市平均空气质量优良天数比例为85.5%，全国地表水水质优良（Ⅰ类至Ⅲ类）

断面比例为89.4%。

人不负青山,青山定不负人。牢固树立和践行绿水青山就是金山银山的理念,坚定不移推进绿色发展,定能筑牢中华民族永续发展的生态根基,推动中国式现代化走出一条生态优先、节约集约、绿色低碳发展的道路。

(二)立足新的历史方位建设美丽中国

随着人民群众物质生活水平的极大提升,美丽中国已成为人民群众的迫切期待,促进人与自然和谐共生是中国式现代化的本质要求。习近平总书记强调:"我们要建设的现代化是人与自然和谐共生的现代化,既要创造更多物质财富和精神财富以满足人民日益增长的美好生活需要,也要提供更多优质生态产品以满足人民日益增长的优美生态环境需要。"

中国成为全球空气质量改善速度最快的国家。从2013年开始,北京市民邹先生坚持每天早上拍摄同一地点的天空。3800多张照片,从以灰蒙蒙的色调为主到蓝天白云成为常态,邹先生所记录的,不仅是看得见、实打实的大气质量改善成效,也是人民群众不断增强的获得感和幸福感。

在习近平生态文明思想的指引下,美丽中国建设实现了由重点整治到系统治理、由被动应对到主动作为、由全球环境治理参与者到引领者、由实践探索到科学理论指导的重大转变。在广袤的神州大地上,一幅又一幅天更蓝、水更清、山更美的

关键词四　建设美丽中国

生态画卷正徐徐展开。

（三）良好生态环境是最普惠的民生福祉

"环境就是民生，青山就是美丽，蓝天也是幸福。"生态环境是关系党的使命宗旨的重大政治问题，也是关系民生的重大社会问题。新中国成立70多年来，我们党秉持"为中国人民谋幸福，为中华民族谋复兴"的初心使命，始终把良好生态环境这个最普惠的民生福祉守护好，将生态环境保护作为重要的民生工程和民心工程，把中国人民生于斯、长于斯的家园建设得更加美丽动人。

6月17日是世界防治荒漠化与干旱日。位于塔克拉玛干沙漠西北缘的柯柯牙，草木葳蕤、花果飘香。30多年前，这里还是一片荒漠。30多年来，一代代治沙人、植绿人、护林员，一棒接着一棒干，硬是把这片戈壁荒滩变成了绿色果园。年近六旬的新疆维吾尔自治区阿克苏地区林业发展保障中心管护员宋建江感触颇深："原来是'拌着沙吃饭'，现在是'蘸着蜜吃肉'，日子一天比一天好。"

生态环境，用之不觉，失之难存。大自然是人类的老师，也是人类赖以生存的家园，没有良好的生态环境，人民幸福感受亦无从谈起。人民对自然之美、生命之美、生活之美的追求成了他们对美好生活向往的重要体现，生态环境在人民生活幸福指数中的地位不断凸显。党的宗旨决定必须有效回应人民之所想、所盼、所急，应把优先解决好生态环境存在的突出问题作为民生领域全面深化改革开放的重点，让人民不断增强幸福感。

二、生态环境有了较大改善，更加接近美丽中国的目标

大美中国，江山如画。党的十八大以来，在习近平生态文明思想的指引下，我国生态文明建设发生了历史性、转折性、全局性变化。从守护好一江水、一片沙，到保护好一座山、一湾海……从华北平原到东南沿海，从黄土高坡到大海之滨，从郁郁葱葱森林到辽阔无垠草原，在美丽中国目标的实现过程中，万里山河焕发出新姿新彩。

（一）深化生态文明体制改革，完善生态文明制度体系

深化生态文明体制改革是推进人与自然和谐共生现代化的根本动力。党的十八大以来，以习近平同志为核心的党中央把生态文明建设作为统筹推进"五位一体"总体布局的重要内容，把生态文明建设置于新时代中国特色社会主义事业中的重要位置，从加快生态文明体制改革到逐步完善生态文明制度体系，出台了《中共中央国务院关于加快推进生态文明建设的意见》《生态文明体制改革总体方案》等一系列纲领性文件，对新时

关键词四　建设美丽中国

期的生态文明建设进行了系统全面的部署安排，逐步构建起支撑生态文明体制改革的"四梁八柱"。

习近平总书记指出："要进一步建立健全和严格执行生态环境法规制度，坚持运用好、巩固拓展好强力督察、严格执法、严肃问责等做法和经验。"要不断建立健全地方党政领导干部生态环境保护责任制，进一步推进领导干部自然资源资产离任审计制度，在"党政同责""一岗双责"等方面压实生态环境保护责任，让制度成为刚性约束和不可触碰的高压线。

为守护蓝天，2013年出台的"大气十条"，打出了经济、法治、政策的"组合拳"，中央财政大气污染防治资金累计下达2000多亿元；脱硫、脱硝、除尘电价和超低排放电价政策的实施，使我国成了世界规模最大的清洁燃煤发电基地。

为碧水长流，河长制全面建立，实现了河流湖泊从"管不住"到"好管理"的转变，一江碧水的景象再度呈现。为使家园更美，各地大力推进生活垃圾分类，启动建设"无废城市"，开展农村人居环境整治，我国固废和新污染物治理有了更大突破，预期实现固体废物"零进口"目标。

深化生态文明体制改革，着力破解生态文明领域的突出矛盾和问题，有利于推动构建与美丽中国建设相适应的体制机制。我国生态文明制度体系不断织密，围绕以推进国家公园为主体的自然保护地建设，为建设美丽中国和人与自然和谐共生的现代化筑牢生态根基。出台《国家公园空间布局方案》，逐步将我国打造成具有国家代表性和世界影响力的自然保护地典范。从2013年党的十八届三中全会首次提出建立国家公园体制，到2015年一系列国家公园体制试点的开展，再到2021年首批5个国家公园的成立，我国正在建成世界上最大的国家公园体系。首批建立的国家公园交出的成绩单令人眼前一亮：三江源国家公园将长江、黄河、澜沧江源头区域全部纳入保护范围；海南热带雨林国家公园雨林生态系统功能逐步恢复；大熊猫国

◆◆ 海南热带雨林国家公园　（汉华易美/供图）

家公园打通生态廊道，将原分属73个自然保护地、13个局域种群的大熊猫栖息地连成一片，保护了70%以上的野生大熊猫；东北虎豹国家公园畅通野生动物迁徙通道；武夷山国家公园实现了对武夷山自然生态系统以及世界文化和自然遗产的整体保护……国家公园的建设是发展嬗变的一扇窗口，也是美丽蝶变的一面镜子。

新时代推进生态文明体制改革的实践表明，只有实行最严密的法治，才能为建设美丽中国提供坚强的支撑和制度保障。

（二）营造高品质生态环境，筑牢中华民族伟大复兴的生态根基

习近平总书记指出："在中国式现代化建设全过程中，我们都要把握好高质量发展和高水平保护的辩证统一关系。"高质量发展和高水平保护是相辅相成、相得益彰的，全面建设社会主义现代化国家的首要任务是实现高质量发展，高质量发展是绿色成为普遍形态的发展，高水平保护是高质量发展的重要支撑。保护好生态环境，是推动高质量发展的必然要求，生态优先、绿色低碳的高质量发展只有依靠高水平保护才能实现。加快推动发展方式绿色低碳转型，以高水平保护培育绿色生产力、支撑高质量发展。绿色发展要求必须促进经济社会发展全面绿色转型，建设人与自然和谐共生的现代化。

"必须从中华民族长远利益考虑，把修复长江生态环境摆在压倒性位置。"习近平总书记就长江的生态问题有过许多重要论述。位于湖北的姚家港化工园有着大大小小的化工企业近100家,以前的园区污水管网普遍存在跑冒滴漏现象;沿江大小排污口密布,企业直排偷排的现象时有发生。2016年,在"共抓大保护、不搞大开发"理念指引下,长江沿线打响了化工企业整治攻坚战,其中把污水处理作为重要一环。该化工园的污水处理厂开始施行污水处理的全链条提升,引入生物倍增等新工艺,不断优化生产工艺和流程,污水废水大量减少。园区污水处理厂已经成为姚家港化工园的核心企业,污水排放的标准也越来越高。

逐绿前行方可点绿成金。扬州运河三湾湿地公园地处古运河三湾段,是古人尊重自然、顺应自然、利用自然的伟大水工遗址。通过污染企业搬迁、运河水环境治理、筑土堆坡、驳岸改造、植树造林等一系列工程,让世界文化遗产古运河的生机和活力重新焕发,成为扬州城市南部的新名片、湿地生态保护的新标杆、公园体系建设的新亮点。

新时代新征程,必须牢记高质量发展是硬道理,为高质量发展"明底线""画边框""增绿添金",实现高水平保护、高品质生态环境、高质量发展良性互动。只有创造高品质的生态环境,才能更加筑牢中华民族伟大复兴的生态根基。

关键词四　建设美丽中国

知识点链接　高品质生态环境

高品质生态环境是一个综合性的概念，不仅包括清新的空气、清澈的水、肥沃的土地等基本要素，而且包括生物多样、生态系统健康和稳定。这些要素共同构成了高品质生态环境。高品质生态环境对于高质量发展具有重要意义，它为经济发展提供了必要的条件，如清新的空气对于人体健康至关重要；清澈的水和肥沃的土地提供丰富的资源，为经济发展提供动力。此外，高品质生态环境还能吸引更多的投资和人才，推动经济发展，是实现可持续发展的重要保障。

（三）生态环境好，老百姓就多了一份实实在在的幸福感

美丽中国是画卷，也是我们在新征程上交给人民的一份满意答卷。栖居在青山绿水之间，是人们共同的心愿。20多年前，浙江省湖州市安吉县天荒坪镇余村由于炸山开矿，这里的山变成了"秃头光"，水成了"酱油汤"。痛定思痛，村民们关闭了矿山，停掉了水泥厂，决定不欠"环境债"，2005年8月15日，时任浙江省委书记习近平同志在余村调研时指出："我们过去讲既要绿水青山，又要金山银山，实际上绿水青山就是金山银山。"换个思路谋发展。如今，依靠良好生态环境，发展乡村旅游，试水竹林碳汇，余村走上一条生态美、产业兴、百姓富的可持续发展之路。流水潺潺、竹林摇曳、远山耸翠……

这是浙江安吉余村如今最真实的写照。小小山乡之变，是在绿水青山间书写的一份生态答卷，恰恰也是中国大地上绿色变革的生动缩影。

位于河北省晋州市古城、李家庄、塔上三村村边的镜湖街廊道，过去由于缺少合理规划，前些年一直给人留有"脏乱差"的印象。在对镜湖街两侧种植行道树等绿化改造后，如今的廊道两侧风景如画。1.8公里的廊道上，种植了银杏树和樱花树共2000多棵。"一边锻炼身体，一边欣赏风景，这种感觉多好啊！"居民赵先生这样说道，"这个地方过去还是一片废地，没想到摇身一变，成了我最爱的'打卡地'。"绿色，是生命的颜色，更是城市发展过程中最动人的旋律。

中国共产党是为人民服务的政党，自成立以来始终把解决好广大人民群众最关心最直接最现实的问题作为工作重中之重。党的十八大以来，我们党积极回应了人民群众从"盼温饱"到"盼环保"、从"求利益"到"求生态"的热切期待。人民关心什么、期盼什么，改革就要抓住什么、推进什么，还给人民"繁星闪烁、鱼翔浅底"。当人民共同享有更为优美的生态环境以及生态发展带来的"红利"时，他们就有了最实在的获得感和幸福感。人民对生态的获得感、幸福感以及安全感的不断提高，就是对生态公平的最好诠释。

三、建设天蓝、地绿、水清的美丽中国

2023年7月，习近平总书记在全国生态环境保护大会上强调，今后五年是美丽中国建设的重要时期，新征程上推进生态文明建设需要正确处理高质量发展和高水平保护的关系、重点攻坚和协同治理的关系、自然恢复和人工修复的关系、外部约束和内生动力的关系、"双碳"承诺和自主行动的关系，把党对生态文明建设规律的认识上升到了一个新的高度，为进一步推动绿色发展、推进生态文明建设提供了方向指引和根本遵循。2024年7月，党的二十届三中全会聚焦美丽中国建设，提出"必须完善生态文明制度体系，协同推进降碳、减污、扩绿、增长，积极应对气候变化，加快完善落实绿水青山就是金山银山理念的体制机制"。要完善生态文明基础体制，健全生态环境治理体系，健全绿色低碳发展机制。这为建设人与自然和谐共生的美丽中国提供了清晰明确的"施工图"。

（一）坚持人与自然和谐共生的生态观，协同推进降碳、减污、扩绿、增长

习近平总书记指出："牢固树立保护生态环境就是保护生产力、改善生态环境就是发展生产力的理念。"在发展理念上，必须坚持绿色优先原则，要统筹兼顾经济增长和环境保护，需要我们构建降碳、减污、扩绿、增长的协同机制，为绿色发展提供系统性的机制保障和政策支持，推动绿色低碳科技自立自强。

要把降碳、减污、扩绿、增长纳入生态文明建设和经济社会发展全局，以绿色发展为导向的同时，发挥减污和降碳政策的协同效应，构建清洁安全高效的能源体系。紧密结合"十四五"时期绿色发展的任务要求，加强排污权与碳排放权等资源环境权益交易市场建设，完善空气污染物与温室气体排放协同控制的评价和治理体系，采用减污降碳双驱动模式，从总量设置、配额核定、交易平台以及监管审查等诸多方面实现政策协同管理，提高综合治理效率。

要强化减污降碳联防联控机制，构建降碳、减污、扩绿、增长一体化的政策体系框架。坚持精准治理，强化精准思维，做到精准施策。根据环境质量改善目标任务和时序进度要求，结合气象条件、人为活动等因素，把握好平时治理和重点时段治理的关系。聚焦减污降碳的重点地区和重点行业，构建区域大气环境共建共治体系，围绕二氧化碳和大气污染物潜在排放以及泄漏问题开展联保联治、联动执法。要建立具有威慑力的后果严惩制度。后果严惩制度为推动绿色发展提供坚强保障，促进相关法律体系整合和功能提升。运用法律法规和政策标准严格查处破坏生态的违法行为，科学有效提升监管水平。

要践行绿色低碳生活方式。"沪尚回收"是对上海市居民生活垃圾中的可回收物进行统一回收的品牌。"沪尚"寓意着上海垃圾分类革命新时尚。自"沪尚回收"小程序上线推广以来，北站街道城运中心联合"沪尚回收"第三方企业共同开展"沪尚回收进社区、进园区"垃圾分类惠民、便民回收活动，截至2024年7月中旬，北站街道已组织开展"沪尚回收"活动日69场次，订单合计3097.8千克。上海推动垃圾分类成为低碳生活新时尚，从随手扔到随手分，居民生活习惯发生了质的变化。

（二）以绿色发展理念为驱动力，落实绿水青山就是金山银山的理念

绿色发展理念要求经济发展严守生态功能保障基线、环境质量安全底线、自然资源利用上线"三大红线"，摒弃以牺牲环境为代价的粗放型经济发展模式，树立绿水青山就是金山银山的理念，以资源节约、环境友好的方式推动经济发展。习近平总书记强调，"绿水青山是水库、粮库、钱库、碳库"，这就是说，绿水青山既是自然财富、生态财富，又是社会财富、经济财富。

绿色发展理念，重在践行。人类与自然之间是一个相互影响、相互塑造的双向互动过程。地处陕北黄土高原与关中平原过渡带的黄龙县，近年来深入贯彻绿水青山就是金山银山的理念，坚持在"源头治理、工程治理、科学治理、依法治理"上下功夫，持续改善生态环境，打好"蓝天、碧水、净土"三大保卫战，实现天湛蓝、水清澈、土壤优，筑牢了生态旅游发展本底。立足生态秀美、风光旖旎的景色，聚力打造研学旅游、渔业休闲小镇等多元化的生态旅游产品，连点成片，生态旅游示范点多点开花，一业兴带动百业旺，生态旅游在多元供给中实现消费升级，带动了全县经济的全面繁荣。黄龙县在守住原生态的同时吃上了"旅游饭"。

我国地域广阔，生物种类丰富，生态系统类型多样，自然资源丰富，生态富民作为促进全体人民共同富裕的重要路径，需充分利用优美的生态环境、丰富的生物物种、多样的遗传资源开发生态旅游、生态农业、自然教育、研学体验、生态康养

◆◆ 湖南省永州市沱江镇阳华田村光伏发电　（湖南图片库/供图）

等项目，构建高品质、多样化生态产品体系，大力发展特色生态产业，大力推行生物多样性可持续开发利用、生态环境导向的开发模式，使绿水青山成为百姓富、生态美的重要载体，促进富民增收。黄龙县在发展生态旅游、自然教育、生态农业的实践探索中获得了良好的经济效益，走出了一条绿色发展理念引领经济高质量发展之路，探索出了绿水青山就是金山银山的"黄龙经验"。

（三）完善生态文明基础体制，构建现代环境治理体系

如何让绿水青山有"颜值"、能"保值"、更"增值"？

建立"让保护者得偿、受益者补偿、损害者赔偿，力度大、覆盖面广、综合性强、激励性足的流域横向生态保护补偿模式"，这是贵州给出的答案。勇当全国生态保护补偿机制建设的"先行者"，贵州持之以恒探索创新。按照"谁污染谁付费、谁破坏谁补偿"的原则，2020年出台《贵州省赤水河等流域生态保护补偿办法》，首次在省内八大流域统一实施生态补偿，"上游作为保护者，获得补偿是赢家；下游作为补偿者，获得优质丰沛的水资源，同样也是赢家"。2023年，黔东南州水环境质量位列全国第九位、贵州省第一位。为共同保护赤水河生态环境，贵州牵头建立赤水河流域跨省横向生态保护补偿机制，云南、贵州、四川三省签署两轮补偿协议，从第一轮按1∶5∶4比例出资2亿元设立补偿资金增加到第二轮同比例出资3亿元，

形成成本共担、效益共享、合作共治的流域保护治理长效机制，开创了赤水河全流域保护治理的良好局面。

经济社会高质量发展、生态环境高水平保护、人民群众高品质生活之间相得益彰。近年来，人民群众真真切切地感受到全面深化改革带来的新变化，在绿水青山中享受自然之美、生命之美、生活之美。

> **知识点链接　生态环境治理体系和治理能力现代化**
>
> 生态环境治理体系和治理能力现代化，是国家治理体系和治理能力现代化的重要组成部分。提高生态环境治理体系和治理能力现代化水平，是实现国家治理体系和治理能力现代化的内在要求。生态环境治理能力是国家治理能力的重要体现。生态环境治理体系和治理能力现代化是推进生态环境保护的基础支撑。生态环境保护是功在当代、利在千秋的事业，是推进生态环境治理体系和治理能力现代化的题中应有之义。生态环境治理体系和治理能力现代化还是推动形成生态环境保护合力的有效途径。生态环境保护是一项复杂的系统性工程，必须依托现代环境治理体系，充分调动各类主体参与环境治理的积极性，达到同频共振、同向发力的效果。

（四）健全绿色低碳发展机制，满足人民群众对美好生态环境的新期待

绿色低碳发展是顺应自然、促进人与自然和谐共生的发展方式，推动绿色低碳发展是国际潮流所向、大势所趋。党的

关键词四　建设美丽中国

二十大报告提出，要加快发展方式绿色转型，实施全面节约战略，发展绿色低碳产业。健全绿色低碳发展机制，有利于以绿色发展新成效推动经济社会全面绿色低碳转型，更好地促进人与自然和谐共生，满足人民群众对优美生态环境的新期待。

要推动传统产业绿色转型升级。将绿色发展理念融入传统产业全链条各环节，以节能、减排、增效为目标。推动煤电、钢铁、石化、建材等高耗能传统产业在技术、模式、标准等方面的创新，促使传统产业向绿色低碳产业转变，助力经济社会全面绿色低碳转型。当前，在推动煤电行业减污降碳方面，越来越多的能源企业正在进行一系列实践，90%以上煤电机组实现了超低排放。我国煤电从安全清洁发展到现在的低碳发展，离不开"技术、经济、模式"三要素，煤电每个阶段的发展都建立在"技术可实现，经济可承受，模式可推广"的基础上。

要推动壮大绿色发展新动能。江苏滨海LNG产业是滨海县绿色能源版图的生动一角。2024年以来，该县抓住绿色低碳发展示范区建设契机，将绿色能源作为最显著的发展标识，充分发挥港口等级高、风光资源足、空间腹地广等优势，充分挖掘"绿电＋冷能"的独特资源禀赋，全力打造集风、光、火、气、氢和衍生的冷热能于一体的长三角最大综合能源保供基地，能源产业的含绿量、含金量、含新量不断提升，有望成为全球新一代冻干食品创新、研发与生产的领军者。从滨海县的发展实践可以发现，当前，新能源、新材料、绿色环保等绿色战略性新兴产业和未来制造具有能耗低、发展潜力大、社会效益好的特点，是推进绿色发展的重要战略支撑。加快具有战略性、前沿性、颠覆性的先进绿色技术推广应用，就会不断提升经济社会发展中的"含绿量"。

人民群众渴望拥有宜居宜业的生产生活环境。实践证明，只有切实解决好人民群众最关心最直接最现实的利益问题，才能更好满足人民对美好生活的向往。为此，必须坚持生态为民，将生态环境保护放在兼顾效率与公平的层面，更加关注环境健康，着力解决老百姓家门口的噪声、油烟、恶臭等环境污染问题，提升环境基础设施建设水平，不断满足人民群众对生态环境质量改善的新期待，让人民群众生活在水清岸绿、鱼跃鸟飞的环境中，实现绿色低碳的高质量发展。

美丽中国，渐行渐近。在习近平生态文明思想的指引下，进一步深化生态文明体制改革，完善落实绿水青山就是金山银山理念的体制机制，协同推进降碳、减污、扩绿、增长，以高品质生态环境支撑高质量发展，中国正在谱写人与自然和谐共生的现代化新篇章。

关键词五　构建高水平社会主义市场经济体制

党的十八大以来，以习近平同志为核心的党中央高度重视完善社会主义市场经济体制，并将社会主义市场经济体制纳入社会主义基本经济制度框架。党的二十届三中全会通过的《决定》指出："进一步全面深化改革的总目标。继续完善和发展中国特色社会主义制度，推进国家治理体系和治理能力现代化。到二〇三五年，全面建成高水平社会主义市场经济体制……"构建高水平社会主义市场经济体制被置于进一步全面深化改革总目标的"七个聚焦"之首，以充分发挥市场在资源配置中的决定性作用，更好发挥政府作用，坚持和完善社会主义基本经济制度，推进高水平科技自立自强，推进高水平对外开放，建设现代化经济体系，加快构建新发展格局，推动高质量发展。

一、高水平社会主义市场经济体制是中国式现代化的重要保障

为什么要构建高水平社会主义市场经济体制，为什么要将构建高水平社会主义市场经济体制列为"七个聚焦"之首？一句话：高水平社会主义市场经济体制是中国式现代化的重要保障。在改革开放中建立起的社会主义市场经济体制，已经成为我国各项事业发展的重要组成部分，是推进中国式现代化的重要保障，必须在进一步全面深化改革的进程中传承和发展，开辟广阔前景，展现强大力量。

（一）推进中国式现代化亟须进一步全面深化改革

现代化是世界各国的共同追求，也是人类文明发展的结晶与标志。一个国家走向现代化，既要遵循现代化的一般规律，也要符合本国实际，具有本国特色，不可盲目照搬与套用。中国式现代化既有各国现代化的共同特征，更有基于自己国情的鲜明特色。这种"共同特征"和"鲜明特色"，在世界现代化国家发展进程中得到了充分印证。但与现代化的共同特征相比，中国式现代化与成熟的高水平的现代化还有一定差距，中国式现代化的自身特色，不是现代化的降格以求，而是在共同特征

关键词五　构建高水平社会主义市场经济体制

基础上的更加美好，中国式现代化创造了人类文明新形态。实践证明，改革开放是决定当代中国命运的关键一招，也是决定中国式现代化成败的关键一招。中国共产党团结带领全国各族人民向着全面建成社会主义现代化强国、实现第二个百年奋斗目标进军，亟须进一步全面深化改革，用好"关键一招"，为党的中心任务服务。从社会生产力功能与影响的角度来说，首先要坚持以经济现代化支撑社会现代化。

近10年来，我国经济总量已稳居世界第二，2023年，我国国内生产总值达126万亿元，按照5%的增长速度，2024年将突破130万亿元，强大的经济基础是支撑中国式现代化的根基。经济现代化需要以市场化为前提，只有通过体制机制改革，坚持走社会主义市场经济之路，才能更好实现经济现代化，进而支撑社会现代化。在推进中国式现代化的进程中，依然存在体制机制上的各种不适应，甚至面临着一些深层障碍，坚持以经济体制改革为牵引，建设社会主义市场经济体制，促进社会各领域的体制机制改革全面深化、相互协同，从而整体上建立健全适应和推进中国式现代化的体制机制。这既是宝贵经验，也是规律使然。

（二）构建高水平社会主义市场经济体制是推进中国式现代化的客观要求

"发展不要只找市长，最终要靠市场决定"，这是对市场

新时代改革关键词

经济的生动表达。坚持市场化改革方向，充分发挥市场在资源配置中的决定性作用，更好发挥政府作用，既是我国经济体制改革的主要特点，也是我国经济实现持续快速发展的主要原因。

从企业"不找市长找市场"，到政府"我为企业找市场"，"有效市场+有为政府"的认识在深圳不断深化。2024年，深圳在全市范围内开展"万名干部助企行""我为企业找市场"等行动。在深圳市坪山区，深圳市尚水智能股份有限公司与深圳市华美

◆◆ 深圳市市民服务中心 （靳红慧/供图）

关键词五　构建高水平社会主义市场经济体制

兴泰科技股份有限公司仅相距 10 分钟车程，但彼此并无业务往来。坪山区主要负责人在走访调研过程中了解到，尚水智能主营储能产品，华美兴泰从事智能装备制造，双方不乏合作点，随即牵线搭桥，让这两家企业实现精准匹配，达成亿元级合作。

以高水平社会主义市场经济体制推进中国式现代化，必然要求进一步深化经济体制改革，不能脱离中国式现代化这个主题，必须紧扣中国式现代化主题推进社会主义市场经济体制改革。高水平社会主义市场经济体制，不是一般意义上的经济体制，而是与中国式现代化相匹配的经济体制，但凡与中国式现代化不相适应的经济体制改革，都应当排除在高水平社会主义市场经济体制之外。

（三）构建高水平社会主义市场经济体制是全面深化改革的重要内容

党的二十届三中全会《决定》指出，进一步全面深化改革，要"以经济体制改革为牵引，以促进社会公平正义、增进人民福祉为出发点和落脚点……推动生产关系和生产力、上层建筑和经济基础、国家治理和社会发展更好相适应，为中国式现代化提供强大动力和制度保障"。成功的经验往往包含着规律性的因素，构建高水平社会主义市场经济体制，必须坚持以经济体制改革为牵引，并将其与坚持以制度建设为主线相结合，将体制机制的系统集成和进一步深化改革相结合，更好形成系统完善、特色鲜明的体制机制，充分发挥市场在资源配置中的决定性作用，更好发挥政府作用，坚持和完善社会主义基本经济制度，促进社会主义市场经济体制机制更加完善，保证各种所有制经济依法平等使用生产要素、公平参与市场竞争、同等受到法律保护，促进各种所有制经济优势互补、共同发展，以更好适应新的科技革命和产业变革趋势，以高水平体制机制优势在百年未有之大变局中赢得主动、赢得先机。

（四）构建高水平社会主义市场经济体制坚持以经济体制改革为牵引，是改革战略的明智之举

习近平总书记指出，《决定》的起草，强调"抓住重点，突出体制机制改革，突出战略性、全局性重大改革，突出经济体制改革牵引作用，凸显改革引领作用"。把"以经济体制改革为牵引"写入了《决定》进一步全面深化改革的指导思想之中，是《决定》更加注重系统集成、更加注重突出重点、更加注重改革实效的集中表现。构建高水平社会主义市场经济体制坚持以经济体制改革为牵引，这是改革战略的明智之举，体现了中国共产党领导中国人民以中国式现代化全面推进强国建设、民族复兴的战略远见和战略自信。

以经济体制改革为牵引，体现了改革的牵引作用。改革开放以来，经济体制改革一直是各项改革的牵引，它既能瞄准人

关键词五　构建高水平社会主义市场经济体制

民群众最关心的问题，又能抓住经济社会发展最紧迫的问题，具有牵一发而动全身的影响力。我们坚信，进一步全面深化改革，以经济体制改革为牵引，坚持以制度建设为主线，能够更好将高水平社会主义市场经济体制作为实现中国式现代化的重要保障。而且，以经济体制改革为牵引，带动和促进其他领域深化改革，牵引才更有力量，有利于加快构建新发展格局，推动高质量发展与高水平对外开放相结合，更好带动各领域改革，进而汇聚和增强共同推进中国式现代化的制度力量。

以经济体制改革为牵引是成功经验。改革开放以来，我国逐步建立、完善了社会主义市场经济体制，极大调动了亿万人民的积极性，极大促进了生产力发展，极大增强了党和国家的生机活力，显示出巨大的制度优越性。进一步全面深化改革，首先需要认真总结和广泛运用改革开放特别是新时代全面深化改革的宝贵经验，继续用好"关键一招"，以增强改革发展的连续性与可靠性。改革开放以来，以经济改革带动社会各领域改革，既符合中国实际，也符合时代潮流。在社会发展的不同阶段，主要任务虽各有侧重，但成功做法与宝贵经验仍然要坚持好。进一步全面深化改革，以经济体制改革为牵引，要坚持稳中求进和先立后破，以构建高水平社会主义市场经济体制赋能中国式现代化，体现了用好宝贵经验与不断创新的统一，体现了战略上的持续优化和行动上的善作善成的统一。

以经济体制改革为牵引,有利于进一步全面深化改革的总目标的实现。党的二十届三中全会《决定》明确指出,进一步全面深化改革的总目标是,继续完善和发展中国特色社会主义制度,推进国家治理体系和治理能力现代化。以经济体制改革为牵引,既有利于更好推进高质量发展,将构建高水平社会主义市场经济体制与全面建设社会主义现代化国家的首要任务统一起来,又有利于市场经济体制更加完善;以高水平社会主义市场经济体制充实和促进国家治理体系和治理能力现代化,有利于进一步全面深化改革总目标的实现,促进中国式现代化在改革开放中不断推进,开辟广阔前景。

进一步全面深化改革,构建高水平社会主义市场经济体制,是推进中国式现代化的重要保障,也是一项艰难复杂的工作,将其列为"七个聚焦"之首,说明它的地位重要、影响巨大、任务繁重,必须坚持系统思维,处理好经济和社会、政府和市场、效率和公平、活力和秩序、发展和安全等重大关系,注重统筹兼顾,防止片面性,增强改革系统性、整体性、协同性,为中国式现代化提供强大动力和制度保障。

关键词五　构建高水平社会主义市场经济体制

知识点链接：我国经济体制改革的"三中全会"节点

在我国改革开放进程中，三中全会有着极为丰富深厚的改革内涵。从1978年党的十一届三中全会到2024年党的二十届三中全会，十届三中全会都以改革为主题，形成了具有内在逻辑的"三中全会"节点，推动着改革向着更高层次迈进。

党的十一届三中全会明确提出，全党工作的着重点应该转移到社会主义现代化建设上来，正确地改革同生产力发展不相适应的生产关系和上层建筑。

党的十二届三中全会明确提出，我国社会主义经济是公有制基础上的有计划的商品经济。

党的十三届三中全会明确提出，改革和建设的重点突出地放到治理经济环境和整顿经济秩序上来。

党的十四届三中全会明确提出，建立社会主义市场经济体制，就是要使市场在国家宏观调控下对资源配置起基础性作用。

党的十五届三中全会明确提出，农业、农村和农民问题是关系我国改革开放和现代化建设全局的重大问题。

党的十六届三中全会明确提出，坚持社会主义市场经济的改革方向，注重制度建设和体制创新，更大程度地发挥市场在资源配置中的基础性作用。

党的十七届三中全会明确提出，坚持改革开放，必须把握农村改革这个重点，在统筹城乡改革上取得重大突破，给农村发展注入新的动力，为整个经济社会发展增添新的活力。

党的十八届三中全会明确提出，紧紧围绕使市场在资源配置中起决定

> **知识点链接** 我国经济体制改革的"三中全会"节点
>
> 性作用深化经济体制改革。
>
> 党的十九届三中全会明确提出,深化党和国家机构改革是推进国家治理体系和治理能力现代化的一场深刻变革。
>
> 党的二十届三中全会明确提出,高水平社会主义市场经济体制是中国式现代化的重要保障。

二、激发市场主体活力

什么是高水平社会主义市场经济体制?激发全社会内生动力和创新活力是根本标志。突出"高水平"这个关键词,就是要打造社会主义市场经济体制的升级版,更加有效发挥市场在资源配置中的决定性作用,激发市场主体活力,激发全社会内生动力和创新活力。"聚焦高水平",这就抓住了最要害的东西,抓住了"牛鼻子",有利于各领域体制机制改革创新不断进入高水平,并在高水平上更好形成合力,增强协同性,为中国式现代化提供全方位、整体性的制度保障。

(一)坚持和落实"两个毫不动摇"

《决定》明确指出,坚持和落实"两个毫不动摇",保证

关键词五　构建高水平社会主义市场经济体制

各种所有制经济依法平等使用生产要素、公平参与市场竞争、同等受到法律保护，促进各种所有制经济优势互补、共同发展。这是社会主义基本经济制度在构建高水平社会主义市场经济体制中的根本要求。

毫不动摇巩固和发展公有制经济。推动国有资本和国有企业做强做优做大，增强核心功能，提升核心竞争力。在我国整个国民经济体系中，国有经济改革侧重于它的性质、功能、使命和发挥作用，立足于"国之大者"和"民之大者"，为确保国家安全和人民生活提供可靠保障。

要立足"国之大者"深化国有经济改革。国有经济是国民经济的主导力量，是中国特色社会主义的重要物质基础和政治基础，是显而易见的"国之大者"，发挥着"定国之基"和"安邦之本"的根本作用，是中国式现代化的经济基石和支柱，任何时候都必须牢牢掌握在国家手中。要推动国有资本向关系国家安全、国民经济命脉的重要行业和关键领域集中，向前瞻性、战略性新兴产业集中，完善管理监督体制机制，增强各有关部门战略协同性，推动国有资本和国有企业做强做优做大，增强核心功能，提升核心竞争力，在世界格局中赢得国家竞争优势。

要立足"民之大者"深化国资国企改革。社会稳定与提升人民生活水平需要相应的经济条件来保障，因此，国有经济要向关系国计民生的公共服务、应急能力、公益性等事关社会稳定与国民生活等领域集中，为社会稳定和民生稳固提供坚实的支撑力、保障力、服务力，筑牢民生之依靠，厚植国力之根基。

毫不动摇鼓励、支持、引导非公有制经济发展。改革开放以来，民营经济得到了充分发展，在整个国民经济体系中形成了"五六七八九"的形象说法，即贡献了中国经济50%的税收，60%左右的国内生产总值，70%的技术创新，80%的就业，90%的企业数量。截至2023年底，中国民营企业的数量已超过5300万户。进一步全面深化改革，极为重要的内容之一就是要在体制机制上为支撑起中国经济"半壁江山"的民营企业吃下"定心丸"、注入"强心剂"。

◆◆ 2023年10月19日，全国民营企业科技创新与标准创新大会在湖南长沙举行 （湖南图片库/供图）

关键词五　构建高水平社会主义市场经济体制

改革开放40多年来，江苏宿迁民营经济从无到有、从小到大、从弱到强，始终是经济社会发展的重要推动力。宿迁市科技型企业代表——江苏双星彩塑新材料股份有限公司生产线上几乎看不到工人。"我们公司已实现生产全流程自动化管理。"该公司相关负责人自豪地说。作为宿迁膜材料产业链的"链主"企业，公司在高分子膜材料、光学膜材料等领域掌握自主研发关键技术，真正实现了创新链、产业链的深度融合。目前，近17万户民营企业在宿迁深耕实业、发展壮大，贡献了六成以上的规模以上工业增加值、七成以上的税收，创造了超过99%的高新技术产业产值、外贸份额。

要完善民营企业参与国家重大项目建设长效机制。推进基础设施竞争性领域向经营主体公平开放，在重大科技攻关领域为民营企业开辟用武之地，以制度保障民营企业更加健康发展；创造一流营商环境，支持有能力的民营企业牵头承担国家重大技术攻关任务，支持民营企业在"专精特新"领域发挥优势。向民营企业进一步开放国家重大科研基础设施，有利于促进各类资源发挥优势，优化组合，与国有企业一道，各展所长，共同推进中国式现代化。

（二）构建更加公平、更有活力的市场规则

市场经济有活力有效率的主要原因，在于各类经济组织在遵守市场规则的前提下，享有独立进行经济活动的自主权。公

平、有活力的市场规则体现了激励与约束的统一。

市场经济在本质上是自由与法治相结合的经济。只有自由，想买就买，想卖就卖，才能促进各类生产要素的自由流动与优化组合，才能促进竞争与创新，促进经济发展和人类福祉增加。只有法治才能确保各方面的自由都有章法，有法可循，有法可依，使自由有度，不走向极端与无序状态。因此，构建高水平社会主义市场经济体制就必须更好地促进自由与法治的结合，既体现秩序，又体现效率，构建健全的、更加公平、更有活力的市场规则。

大国经济更需创造更加公平、更有活力的市场规则。我国经济体量大，产业体系完备，巨大的国民经济循环系统形成了

> **知识点链接** "看不见的手"为什么具有神奇力量？
>
> 在社会主义市场经济体制下，有效提升经济发展活力，必须得有"看不见的手"充分发挥作用的良好条件与健全机制。构建高水平社会主义市场经济体制，其实质就在于充分发挥市场在资源配置中的决定性作用，创造更加公平、更有活力的市场环境，实现资源配置效率最优化和效益最大化，畅通国民经济循环，激发全社会内生动力和创新活力。但"看不见的手"也有其自身的局限性，构建高水平社会主义市场经济体制，就是要让市场经济既"放得活"又"管得住"，畅通国民经济循环，避免无序竞争，实现有序发展。

超大规模市场，但这种超大规模市场的作用并没有得到充分发挥，因此，从体制机制上畅通国民经济循环，形成更加公平、更有活力的市场环境，既是构建高水平社会主义市场经济体制的重要任务，也是高水平社会主义市场经济体制的基本标志。在高水平社会主义市场经济体制下，人尽其才，货畅其流，物尽其用。

（三）激发全社会内生动力和创新活力

我国现阶段的经济社会发展面临"活力不足"的问题。一个国家、一个民族、一个社会，是否有希望、是否有力量、是否有未来，关键要看社会的体制机制和各类活动主体是否具有内生的、强大的、持久的活力。衡量市场经济体制是不是高水平，关键要看这种体制是不是具有强大生机和活力，能否创造更加公平、更有活力的市场环境，实现资源配置效率最优化和效益最大化，激发全社会内生动力和创新活力。新时代，随着科技革命和产业变革，特别是数字经济的迅猛发展，极大地激发了创新活力。高水平社会主义市场经济体制所迸发的创新活力，有利于促进科技创新及其成果的产业化应用。

（四）完善市场经济基础制度

构建高水平社会主义市场经济体制，必须完善与之相适应的产权保护、市场准入、公平竞争、社会信用等市场经济基础制度，优化制度性营商环境。更加完善的市场经济基础制度是激发市场主体活力的重要保障。

完善产权制度。产权制度是市场经济的基石，是整个市场经济制度体系的基础。依法平等长久保护各种所有制经济产权，建立高效的知识产权综合管理体制，是我国推进体制机制创新完善的重要内容。要进一步完善市场信息披露制度，构建商业秘密保护制度，对侵犯各种所有制经济产权和合法利益的行为实行同责同罪同罚，完善惩罚性赔偿制度；要进一步加强产权执法司法保护，防止和纠正利用行政、刑事手段干预经济纠纷，健全依法甄别纠正涉企冤错案件机制，增强产权保护的严格性与有效性。

完善市场准入制度。市场准入制度的完善既要进一步完善市场的优胜劣汰机制，又要优化营商环境，激发市场主体活力。特别是要根据科技创新与时代发展而不断优化新业态新领域市场准入环境，提升营商环境竞争力。

浙江台州持续发力深化改革，接连推出实招妙招，优化营商环境，提振了市场信心。近年来，台州以民营经济示范先行，久久为功抓营商环境优化，全市创新创业环境实现根本改变。最近一次的浙江省营商环境评价结果显示，台州营商环境便利度居全省第一梯队。目前，台州储备了千亿级项目，引进了荣盛、比亚迪、晶科能源等多个百亿级制造项目。2023年，谋划5000亩工业用地，围绕电解液、结构件等打造动力电池产业基地。台州还成立了营商环境优化提升"一号改革工程"专班，牵头制定政策清单、改革清单、需求清单、工作清单"四张清单"，着力打造与民营经济高质量发展相匹配的营商环境，助推营商环境综合水平从省内第一档迈向全国一流。

完善中国特色现代企业制度。现代企业制度是社会主义市场经济的基础，完善中国特色现代企业制度要把握好三点。一是必须着眼于发挥中国特色社会主义制度优势，加强党的领导。对于国有企业来说，坚持党对国有企业的领导是重大政治原则，必须一以贯之；对于民营企业来说，要注重发挥党建引领作用。二是完善公司治理，推动企业建立健全产权清晰、权责明确、政企分开、管理科学的现代企业制度，为企业发展壮大提供完善的制度激励与制度保障。三是大力弘扬企业家精神，进一步从体制机制上发挥企业领导人在完善中国特色现代企业制度中的重要作用，培育各类经济体企业家，支持和引导各类企业提高资源要素利用效率和经营管理水平、履行社会责任，加快建设更多世界一流企业。

实践证明，评判高水平社会主义市场经济体制的构建成效，不能仅看各种制度是否完备、是否成体系，还要看是否通过制度激发了市场主体活力，是否激发了全社会内生动力和创新活力。

三、加快构建全国统一大市场

构建高水平社会主义市场经济体制，首先要把握好一条逻辑主线——明确主体角色、规范权益行为、优化环境条件。新时代新征程，高水平社会主义市场经济体制的标志，就是充满活力的经营活动主体，运用明确健全的体制机制安排，在统一规范的市场体系中有序从事各种生产经营活动。为此，构建高水平社会主义市场经济体制必须构建全国统一大市场，全面推动我国市场实现由大到强的转变。

（一）重视高标准市场体系构建

市场是市场经济主体的关系体系与竞争平台，是市场机制发挥作用的基本空间。全国统一大市场，是高水平社会主义市场经济体制构建的主要指标，是市场高质量发展的主要内容。而体系化既是事物发展到成熟阶段的基本标志，也是推动事物向高级阶段发展的重要方法。

建设全国统一大市场，首先要构建高标准市场体系，既要立足于高水平社会主义市场经济体制，也要立足于现阶段面临的实际问题。从常规的角度看，推动市场基础制度规则统一、市场监管公平统一、市场设施高标准联通，要掌握市场规则与平台完善中先立后破的辩证法，加强公平竞争审查刚性约束，

关键词五　构建高水平社会主义市场经济体制

强化反垄断和反不正当竞争，清理和废除妨碍全国统一市场和公平竞争的各种规定和做法。以高标准市场机制增强市场活力，增强市场的稳定性，减少市场波动造成的负面影响，以规范健全、公平统一的市场体制和良好的营商环境提振各类市场主体的信心，稳定市场预期。要重视市场结构体系的创新发展，提高统一大市场体系促进新模式新业态更好发展的能力。

（二）完善要素市场制度和规则

市场是各种生产要素流动的空间与平台，也是制度的集合空间。通过完善要素市场制度和规则，推动生产要素畅通流动、各类资源高效配置、市场潜力充分释放。如今，生产要素形态越来越丰富，结构越来越复杂，需要充分发挥市场制度与规则的积极作用，既要促进常态要素的优化配置，又要重视创新要素的独特需要，尤其要重视培育全国一体化技术和数据市场。确保价格机制科学性、真实性与有效性，完善主要由市场供求关系决定要素价格机制，防止政府对价格形成不当干预。健全劳动、资本、土地、知识、技术、管理、数据等生产要素由市场评价贡献、按贡献决定报酬的机制，增强价格机制的灵敏性、有效性与真实性。

要重视社会稳定和人民生活领域的市场机制影响，推进水、能源、交通等领域价格改革，优化居民阶梯水价、电价、气价制度，完善成品油定价机制。推进市场监管公平统一，防止出现地方性或部门性利益对统一公平机制的干扰。现阶段，要加强劳务市场的拓展，广开就业的市场渠道，要适应数字经济发展和数据要素流通，拓展并服务好高科技产品市场的发展，提升市场对科技革命和新质生产力发展的适应性与促进力。

（三）完善流通体制，加快发展物联网

加快发展物联网。科技革命和产业变革催生了流通体制、流通方式的相应变化，物联网的快速发展极大地改变了流通体系，全国统一大市场中的科技因素影响力越来越大，促进流通体制在重构中完善。加强体系化构建，健全一体衔接的流通规则和标准，推进市场设施高标准联通，降低全社会物流成本。深化能源管理体制改革，建设全国统一电力市场，优化油气管网运行调度机制，适应能源市场新发展。

加快建设现代流通网络。建立健全城乡融合、区域联通、安全高效的电信、能源等基础设施网络，促进全社会物流降本增效，助力乡村振兴。

山东平邑县供销社结合自身实际，加快建设供销流通网，通过艰苦努力，基本建立了巩固县城、占据乡镇、覆盖农村，上联公司、下接农民的现代供销流通网。平邑县供销社规定全县49处中心店全部改建成便民超市，并规定凡1000人以上的村庄都要建一处便民超市。各基层社的中心店全部改建成便民超市，每个基层社都要建一处农资超市。通过构建农村现代商贸流通服务网络，以下行带动上行、以商流带动物流，完善了

关键词五 构建高水平社会主义市场经济体制

农产品进城和工业品下乡双向流通体系，有效激活了市场，解决了快递进村难等问题，不仅提高了农民收入，而且促进了农民消费升级，提升了生活质量。

加速完善市场信息交互渠道。信息公开与统一是统一大市场的重要标志，要统一产权交易信息发布机制，实现全国产权交易市场联通；优化行业公告公示等重要信息发布渠道，优化市场主体信息公示机制，推动市场主体信息互联互通，推动各领域市场公共信息互通共享，促进市场信息流动和高效使用；等等。同时要健全社会信用体系和监管制度，将信息机制与信用机制相结合，打击各种虚假失真信息行为，降低信息风险。

加速推动交易平台优化升级。平台经济是现代经济发展的重要内容，要加快各类交易平台建设，适应新平台新业态新模式发展需要。深化公共资源交易平台整合共享，明确各类公共资源交易纳入统一平台体系的标准和方式，加快推进公共资源交易全流程电子化，积极破除公共资源交易领域的区域壁垒。加快推动商品市场数字化改造和智能化升级，鼓励打造综合性商品交易平台，鼓励交易平台与金融机构、中介机构合作，依法发展涵盖产权界定、价格评估、担保、保险等业务的综合服务体系，全面提升交易平台的技术水平、承载力与稳定性。

（四）加快培育完整内需体系

内需体系建设，要立足于"双循环"发展格局，将全面落实市场准入负面清单制度作为促进全国统一大市场建设的重要内容，促进国内国际两个市场的对接与运行，打造市场化、法治化、国际化一流营商环境。"1天完成工商注册、10天完成土地审批流转、120天完成从项目筹建到一期厂房交付、20天完成从生产线安装到产品下线，我们以'鲲鹏之势'刷新了'长沙速度'。"湖南湘江鲲鹏信息科技有限责任公司副总经理肖先生介绍。落地长沙以来，政府便捷、贴心的服务让企业备感省心、放心。近年来，长沙市在实施"减证便民"、推进"一件事一次办"改革、实现"最多跑一次"、线上"一网通办"、线下"一窗通办"等优化政务服务水平方面举措不断，让企业、群众的办事体验感和满意度不断提升，不断为市场活力充分迸发创造良好环境，为实现经济高质量发展注入新动力。

（五）健全既"放得活"又"管得住"的市场监管体制

构建高水平社会主义市场经济体制，建设全国统一大市场，是各方面情况发生重大变化、面对诸多风险挑战的重大改革。社会主义市场经济体制和大国经济的特点既"放得活"又"管得住"的要求尤为重要。只有这样才能更好体现有效市场与有为政府的相互配合与优势互补，避免出现各种失灵现象。对敏感的市场波动要有丰富且行之有效的政策工具、监测机制和管控对策，对创新发展中的市场新业态新模式要有预见性与包容性，更好发挥市场机制作用，增强市场的有效性与稳定性。

关键词五 构建高水平社会主义市场经济体制

总之，不管在何种市场经济体制构建中，明确主体角色、规范权益行为、优化环境条件都是缺一不可的，三者的改革必须协同互动。构建高水平社会主义市场经济体制，必须将坚持和落实"两个毫不动摇"、构建全国统一大市场、完善市场经济基础制度作为重中之重，在全面深化改革中既各显其能，又相互协同，更好推进经济高质量发展和中国式现代化。

关键词六
高质量发展

党的二十届三中全会通过的《决定》指出，高质量发展是全面建设社会主义现代化国家的首要任务。必须以新发展理念引领改革，立足新发展阶段，深化供给侧结构性改革，完善推动高质量发展激励约束机制，塑造发展新动能新优势。健全因地制宜发展新质生产力体制机制，健全促进实体经济和数字经济深度融合制度，完善发展服务业体制机制，健全现代化基础设施建设体制机制，健全提升产业链供应链韧性和安全水平制度。

一、高质量发展是新时代的硬道理

中国汽车工业协会发布数据显示，截至 2024 年 6 月底，中国新能源汽车累计产销量突破 3000 万辆，取得了新的历史性突破；海关总署数据显示，包括电动载人汽车、锂离子蓄电池、太阳能电池在内的"中国智造"产品 2023 年出口额达 1.06 万亿元，首次突破万亿元大关；我国光伏组件产量已连续 16 年位居全球首位，多晶硅、硅片、电池片、组件等产量产能的全球占比均达 80% 以上……秩序井然的智能工厂、热闹繁忙的出口口岸，无不彰显着我国高质量发展已经取得了突出成效。

"发展是硬道理"是对马克思主义发展观的高度概括，"高质量发展是新时代的硬道理"是马克思主义发展观中国化时代化的最新发展。从"发展"到"高质量发展"，从"硬道理"到"新时代的硬道理"，既与时俱进，又守正创新，标定了中国经济社会发展的新方位，体现了中国共产党发展思路的新调整、发展境界的新追求。

（一）高质量发展是中国式现代化的本质要求

中国特色社会主义进入新时代，党中央科学分析我国发展新的历史条件，深刻把握我国现代化建设中的变化和规律，作出"我国经济已经由高速增长阶段转向高质量发展阶段"的重大判断，对为什么要高质量发展、什么是高质量发展以及如何推动高质量发展作出重要论述，提出"创新、协调、绿色、开放、共享"的新发展理念，指明了高质量发展的根本方向和总体思路，明确了中国式现代化在经济建设、政治建设、文化建设、社会建设以及生态文明建设各个领域的重点要求与战略任务。

习近平总书记强调："高质量发展不只是一个经济要求，而是对经济社会发展方方面面的总要求；不是只对经济发达地区的要求，而是所有地区发展都必须贯彻的要求；不是一时一事的要求，而是必须长期坚持的要求。"党的十九届六中全会通过的《中共中央关于党的百年奋斗重大成就和历史经验的决议》指出，"不能简单以生产总值增长率论英雄，必须实现创新成为第一动力、协调成为内生特点、绿色成为普遍形态、开放成为必由之路、共享成为根本目的的高质量发展"，进一步揭示了高质量发展的深刻内涵。党的二十大报告明确提出，"我们要坚持以推动高质量发展为主题"，从顶层设计高度规划了我国未来发展的主题主线，指明了以高质量发展推进中国式现代化的目标方向。

推进中国式现代化，必须走高质量发展之路，关键是要贯彻新发展理念。新发展理念是发展思路、发展方向、发展着力点的集中体现，对破解发展难题、增强发展动力、厚植发展优势，具有重大指导意义。推进中国式现代化，必须坚持依靠创新发展提供动力，依靠协调发展解决不平衡不充分的问题，以绿色发展回应中国式现代化的内在要求，以开放发展深化现代化的格局与发展空间，以共享发展实现现代化的价值追求。推进中国式现代化与推动高质量发展紧密相连，都要遵循新发展理念，并通过贯彻落实新发展理念得以不断推进和拓展。

（二）高质量发展是一个历史过程

新中国成立后，党团结带领人民在一穷二白的基础上自力更生、发愤图强，在较短时间内建立起独立的比较完整的工业体系和国民经济体系。党的十一届三中全会实现党和国家工作中心战略转移，开启了改革开放和社会主义现代化建设新时期。经过40余年的发展，我国经济实现了高速增长，生产潜力得到不断释放，生产要素得到有效利用，经济规模越来越大。但随着我国社会主要矛盾的转变，旧有的经济增长模式难以为继，经济结构面临深度调整的现实需求，经济发展方式转变是中国经济社会发展行稳致远的关键。

从古至今，县域发展一直是安邦定国的基石。当下，县域经济更是高质量发展的重要支撑。以浙江省嘉兴市嘉善县为例：11年前，浙江省嘉善县成为全国唯一的县域科学发展示范点；5年前，全域被纳入长三角生态绿色一体化发展示范区；两年前，嘉善县成为全国唯一的县域高质量发展示范点。作为传统农业大县，曾经区域经济相对封闭，城乡居民收入较低，如今实现了从农业县到经济强县、从封闭的区域经济到全方位开放发展的转变，人民生活水平实现从温饱到全面小康的历史性跨越，其中体制机制、思想观念、发展方式等方面的创新突破，无疑为全国县域高质量发展作了良好示范。

这是一幅城乡融合的新图景：户籍人口基本医疗保险参保率达99.65%，城镇化率达75.2%；累计开展5轮"强村计划"，村均集体经济经常性收入突破480万元；城乡一体"10分钟品质文化生活圈"有158个，嘉善县每万人拥有公共文化设施面积5798平方米；农村学校名师覆盖率达到100%；县域急救平均反应时间7.66分钟，全国领先。在城乡统筹融合高质量发展奋进中，一道道美丽乡村风景线正逐渐延伸、连接，而美丽的背后正是绿色发展的核心引领。嘉善为全国县域高质量发展先行探路，积累了经验，提供了示范。

（三）高质量发展成就辉煌

2023年，我国国内生产总值超过126万亿元，同比增长5.2%。放眼全球，中国经济增速在世界主要经济体中名列前茅，对世界经济增长贡献率继续超过30%。党的十八大以来，在新发展理念的引领下，党带领全国人民解决了许多长期想解决而没有解决的难题，办成了许多过去想办而没有办成的大事，国家经济实力、科技实力、综合国力和国际影响力均跃上一个新台阶。

关键词六　高质量发展

经济实力实现大幅跃升。面对复杂严峻的国际环境和国内经济运行新情况新特点，我国既保持了经济发展量的合理增长，也实现了质的有效提升。经济总量从2012年的53.9万亿元提升到2023年的126万亿元以上，实现了年均6%以上的中高速增长；人均国内生产总值从2012年的6301美元提升至2023年的12681美元。物价水平总体稳定，城镇新增就业累计超过1.4亿人，国际收支保持基本平衡。我国作为世界第二大经济体、第二大消费市场、制造业第一大国、货物贸易第一大国、外汇储备第一大国等地位进一步巩固提升。

创新型国家建设成果丰硕。推动高质量发展，离不开科技的有力支撑。2023年我国重大科技项目加快启动实施，战略科技力量不断发展壮大，科技事业发展呈现新气象。从研发经费投入看，2023年全国研发经费投入超过3.3万亿元，比上年增长8.1%，研发投入强度达到2.64%，其中基础研究投入达到2212亿元，比上年增长9.3%。从产出看，2023年我国签订技术合同95万项，成交额达到6.15万亿元，比上年增长28.6%；授权发明专利92.1万件，比上年增长15.3%。从成效看，2023年，我国在量子技术、集成电路、人工智能、生物医药、新能源等领域取得一批重大原创成果。

发展动力活力竞相迸发、充分涌流。坚定不移全面深化改革，各领域基础性制度框架基本确立，许多领域实现了历史性

121

变革、系统性重塑、整体性重构。高标准市场体系建设稳步推进，产权保护和要素市场制度建设取得积极进展。持续深化简政放权、放管结合、优化服务改革，市场化法治化国际化营商环境加快形成，全国统一大市场建设加快推进。共建"一带一路"成果丰硕，全方位高水平开放型经济加快形成。10年来，我国已与150多个国家、30多个国际组织签署了230多份共建"一带一路"合作文件，中欧班列通达欧洲25个国家200多个城市。

经济安全保障不断巩固，重点领域风险隐患稳步化解。安全和发展是一体之两翼，驱动之双轮。2023年，我国粮食安全根基进一步夯实。面对洪涝灾害等极端天气，全国粮食产量仍实现"二十连丰"，达到1.39万亿斤，再创历史新高，中国人的饭碗牢牢地端在了自己手里。能源供应平稳有序。一次能源生产总量增长4.2%，原煤产量达47.1亿吨，创历史新高。国内能源资源产量持续增加，原油产量稳定在2亿吨水平，天然气产量2324.3亿立方米，迎峰、度夏、度冬的用能保障更有底气。产业链供应链韧性不断增强，重点产业链自主可控水平稳步提升。房地产等重点领域风险稳步化解。各地"因城施策"不断优化房地产调控政策，降低房贷利率和首付比例，满足房地产企业合理融资需求，稳住居民购房信心。

二、必须以新发展理念引领高质量发展

与时俱进的发展理念，引领着中国改革走过千山万水，在不同发展阶段履险如夷。新发展理念，回答了关于新时代发展的目的、动力、方式、路径等一系列理论和实践问题，阐明了我们党关于新时代发展的政治立场、价值导向、发展模式、发展道路等重大政治问题，开启了一场关系全局的深刻变革。

（一）坚持理念先行

理念是行动的先导，一定的发展实践都是由一定的发展理念来引领的。发展理念是否对头，从根本上决定着发展成效乃至成败。以科学先进的理念指导实践是党和国家取得一个又一个成果、跨越一个又一个难关的根本指引。党的二十大报告强调，"贯彻新发展理念是新时代我国发展壮大的必由之路"，这一重要论断为新时代新征程推进中国式现代化提供了根本遵循。

新发展理念是管全局、管根本、管长远的导向，对破解发展难题、增强发展动力、厚植发展优势具有重要指导意义。党的十八大以来，以习近平同志为核心的党中央对经济社会发展提出了一系列重大理论和理念，其中新发展理念是最重要、最主要的理念。推进中国式现代化是一个探索性伟大事业，还有许多未知领域，需要我们在实践中大胆开拓，因此，以新发展理念引领中国式现代化意义重大。

（二）高质量发展是由新发展理念引领的发展

"新发展理念就是指挥棒、红绿灯。"新发展理念，是在深刻总结国内外发展经验教训基础上提出的，是对中国特色社会主义发展规律的新认识、新概括，是致力于破解发展难题、增强发展动力、厚植发展优势的治本之策，是实现更高质量、更有效率、更加公平、更可持续发展的必由之路。

创新是引领发展的第一动力。必须把创新摆在国家发展全局的核心位置，不断推进理论创新、制度创新、科技创新、文化创新以及其他各方面创新。

协调是持续健康发展的内在要求。必须牢牢把握中国特色社会主义事业总体布局，正确处理发展中的重大关系，促进城乡、区域、经济社会等协调发展，推动新型工业化、信息化、城镇化、农业现代化同步发展，使我国经济提质增效、行稳致远。

绿色是永续发展的必要条件和人民对美好生活向往的重要体现。必须树立和践行绿水青山就是金山银山的理念，坚持节约资源和保护环境的基本国策，坚定走生产发展、生活富裕、生态良好的文明发展道路，推动形成人与自然和谐发展的现代化建设新格局。

关键词六　高质量发展

开放是国家繁荣发展的必由之路。必须顺应我国经济深度融入世界经济的趋势，坚定不移奉行互利共赢的开放战略，更好利用两个市场两种资源，不断提升我国开放型经济水平。

共享是中国特色社会主义的本质要求。必须坚持人民主体地位，把人民对美好生活的向往作为奋斗目标，让改革发展成果更多更公平惠及全体人民，朝着实现全体人民共同富裕方向不断迈进。

（三）高质量发展是体现新发展理念的发展

一方面，高质量发展由新发展理念引领；另一方面，高质量发展也体现了新发展理念。比如具有146年历史的开滦集团，是中国煤炭工业源头。党的十八大以来，该集团坚持以习近平新时代中国特色社会主义思想为指导，贯彻新发展理念，融入新发展格局，在调整优化产业结构的同时，不断推进体制机制创新，在变局中开新局，呈现出稳中向好的发展态势，向转型升级、高质量发展迈出了坚实步伐。开滦集团在河北、内蒙古、新疆"千帆竞发"的发展格局基本形成。

创新、协调、绿色、开放、共享发展统一于高质量发展。其中，创新是引领发展的第一动力，抓住了创新，就抓住了牵动经济社会发展全局的关键；协调是持续健康发展的内在要求，既是发展手段，又是发展目标，同时还是评价发展的标准和尺度；绿色是永续发展的必要条件和人民对美好生活追求的重要体现，就是要解决好人与自然和谐共生问题，推进美丽中国建设；开放是国家发展的必由之路，就是要顺应经济全球化潮流，充分运用人类社会创造的先进科学技术和有益管理经验；共享是中国特色社会主义的本质要求，既要不断把"蛋糕"做大，又要把不断做大的"蛋糕"分好，让人民群众有更多获得感。

知识点链接：以全面深化改革推动落实新发展理念

全面深化改革，是统筹推进"五位一体"总体布局、协调推进"四个全面"战略布局的重要举措。全面深化改革，必须立足于我国长期处于社会主义初级阶段这个最大实际，发展仍是解决我国所有问题的关键。发展理念是发展实践的先导，新发展理念就是"指挥棒""红绿灯"。以新理念引领新发展，不能只停留在口头上、止步于思想环节，而要体现在经济社会发展的整体实践之中。以创新、协调、绿色、开放、共享的新发展理念为指引，加大全面深化改革力度，形成有利于落实新发展理念的体制机制，既是践行新发展理念的必然要求，也是全面深化改革事业深入推进的必由之路。

改革开放只有进行时，没有完成时。全面推进党和国家各项工作，尤其是贯彻新发展理念、推动高质量发展、构建新发展格局，必须通过全面深化改革添动力、求突破。回望以往的奋斗路，改革开放是党和人民大踏步赶上时代的重要法宝，是坚持和发展中国特色社会主义的必由之路，是决定当代中国命运的关键一招。

三、坚持以深化改革促进高质量发展

新时代新征程，高质量发展是关系我国发展全局的一场深刻变革。要深入学习领会习近平总书记关于高质量发展重要论述的核心要义和丰富内涵，完整准确全面贯彻新发展理念，加快构建新发展格局，用好改革开放"关键一招"，贯彻好党的二十届三中全会精神，推动经济实现质的有效提升和量的合理增长。

（一）健全因地制宜发展新质生产力体制机制

习近平总书记强调，因地制宜发展新质生产力，为各地从实际出发推进生产力变革指明了方向、提供了遵循。各地区围绕新质生产力因地制宜制定的"线路图"和发展体制机制，特色突出。北京聚力建设国际科技创新中心开辟了量子、生命科学、6G等新领域新赛道；天津全力促进科技创新、产业焕新、城市更新，加快形成新质生产力；辽宁根据本地产业基础，着力做大做强航空装备、船舶与海工装备等12个优势产业集群；安徽加快建设量子信息、聚变能源、深空探测等科创高地；湖南结合资源和技术优势，创新性配置生产要素，加快构建"4×4"现代化产业体系，培育形成新的经济增长点；等等。

新质生产力的诞生，要看科技创新；新质生产力的落地，却不止于科技创新。唯有广泛参与这场变革，用改革的精神优化发展条件，健全体制机制，扫清发展障碍，才能加速释放生产力。

（二）健全促进实体经济和数字经济深度融合制度

当前，中国的数字经济发展已走在世界前列。但是，加快现代化产业体系布局、畅通国内国际双循环、赢得国际竞争主动等战略性任务依然艰巨。新征程，部署数字经济和实体经济深度融合这一重大战略，需深刻认识全球新一轮科技革命和产业变革浪潮下数字经济和实体经济融合发展的内在规律，系统总结全球和我国数字产业化、产业数字化统筹推进的实践经验，准确把握数字经济和实体经济相互依存、相互促进的辩证关系，对促进数字经济与实体经济深度融合作出科学战略部署，为制定、优化、落实具备创新性、针对性、前瞻性的制度体系提供框架指引。

推进数字经济和实体经济深度融合的顶层设计应立足于解决实际问题，以建立前瞻性、具有可行性与持久效力的制度体系为重要抓手，通过规则修订、制度革新和观念引导，重塑与数字经济和实体经济深度融合发展进程相匹配的制度环境，建立并完善具有中国特色的促进数字经济和实体经济深度融合发展的政策体系和治理框架。要加快构建促进数字经济发展体制机制，完善促进数字产业化和产业数字化政策体系。加快新一

关键词六　高质量发展

◆◆　衡州大道数字经济走廊　（湖南图片库/供图）

代信息技术全方位全链条普及应用，发展工业互联网，打造具有国际竞争力的数字产业集群。促进平台经济创新发展，健全平台经济常态化监管制度。建设和运营国家数据基础设施，促进数据共享。加快建立数据产权归属认定、市场交易、权益分配、利益保护制度，提升数据安全治理监管能力，建立高效便利安全的数据跨境流动机制。

> **知识点链接 人工智能**
>
> 　　人工智能是研究、开发用于模拟、延伸和扩展人的智能的理论、方式、技术及应用系统的技术科学。作为新生产工具，人工智能正融入社会生产各环节。在制造、医疗、教育、交通、农业等多个领域，人工智能已得到广泛应用，涌现出矿山大模型、气象大模型、交通大模型等一批数字化转型新标杆，创造出新的产品、服务和商业模式，推动传统行业的转型升级和社会经济结构的变革。
>
> 　　在探索科技的浩瀚长河中，每一项突破性技术的诞生都仿佛打开了一扇通往未知世界的大门。人工智能聊天机器人ChatGPT的横空出世，正以前所未有的速度和影响力迅速席卷全球，开启了人工智能的新纪元。它不仅刷新了我们对人工智能的认知，更预示着一场前所未有的科技革命正悄然来临。
>
> 　　人工智能如同数字时代的"蒸汽机"，不仅能显著压缩生产的时间、人力、制度成本，而且能丰富和创新社会供给。数据显示，在我国已经建成的2500多个数字化车间和智能工厂中，经过人工智能改造的工厂研发周期缩短了约20.7%、生产效率提升了约34.8%。在人工智能的加持下，开辟出传统生产力向新质生产力发展的新路径。

（三）完善发展服务业体制机制

实现高质量发展，还要从服务业的高质量发展着力。国家统计局发布的数据显示，2024年上半年，服务业增加值为349646亿元，同比增长4.6%。服务业对国民经济增长的贡献率为 52.6%，拉动国内生产总值增长 2.6 个百分点；服务业增加值占国内生产总值比重为 56.7%，比上年同期提高 0.2 个百分点。整体呈现现代服务业增长较快、服务业新兴领域增势向好、服务业融合化质效不断提升的良好态势。

要完善支持服务业发展政策体系，优化服务业核算，推进服务业标准化建设。聚焦重点环节分领域推进生产性服务业高质量发展，发展产业互联网平台，破除跨地区经营行政壁垒，推进生产性服务业融合发展。健全加快生活性服务业多样化发展机制。完善中介服务机构法规制度体系，促进中介服务机构诚实守信、依法履责。

（四）健全现代化基础设施建设体制机制

要科学规划，贯彻新发展理念，立足全生命周期，统筹各类基础设施布局，实现互联互通、共建共享、协调联动。要多轮驱动，发挥政府和市场、中央和地方、国有资本和社会资本多方面作用，分层分类加强基础设施建设。要注重效益，既要算经济账，又要算综合账，提高基础设施全生命周期综合效益。

要着眼于乡村全面振兴和新型城镇化两大战略的有机结合，加强交通、能源、水利等基础设施建设。构建新型基础设施规划和标准体系，健全新型基础设施融合利用机制，推进传统基础设施数字化改造，拓宽多元化投融资渠道，健全重大基础设施建设协调机制。深化综合交通运输体系改革，推进铁路体制改革，发展通用航空和低空经济，推动收费公路政策优化。提高航运保险承保能力和全球服务水平，推进海事仲裁制度规则创新。健全重大水利工程建设、运行、管理机制。

◆◆ 湖南长沙火车南站高铁与磁浮列车交会 （湖南图片库/供图）

（五）健全提升产业链供应链韧性和安全水平制度

安全是发展的前提，发展是安全的保障。要兼顾发展和安全，牢牢守住安全底线，依托我国完备的产业体系和强大的产业转换能力，确保产业链供应链稳定安全。营造公平便利的营商环境，不断夯实产业基础，充分发挥我国超大规模市场优势和内需潜力，畅通劳动力、资本、技术、数据等要素流动，增强对资源要素的吸引能力。稳定产业链布局，增强供应链黏性，

关键词六　高质量发展

促进国内国际双循环更为畅通。重视以国际循环提升国内大循环效率和水平，改善我国生产要素质量和配置水平。通过参与国际市场竞争，增强我国出口产品和服务竞争力，推动我国产业转型升级，构建富有韧性的产业链供应链体系，提升产品和服务质量，增强我国在全球产业链供应链创新链中的影响力。打造具有战略性和全局性的产业链，在开放合作中形成更具创新力、更高附加值的产业链，助力经济高质量发展。

要抓紧打造自主可控的产业链供应链，健全强化集成电路、工业母机、医疗装备、仪器仪表、基础软件、工业软件、先进材料等重点产业链发展体制机制，全链条推进技术攻关、成果应用。建立产业链供应链安全风险评估和应对机制。完善产业在国内梯度有序转移的协作机制，推动转出地和承接地利益共享。建设国家战略腹地和关键产业备份。加快完善国家储备体系。完善战略性矿产资源探产供储销统筹和衔接体系。

关键词七　国家治理体系和治理能力现代化

　　国家治理体系和治理能力现代化是国家现代化的重要保证。国家治理现代化包含于中国式现代化的实践中，包含于中国人180多年的梦想中，历经洋务运动、戊戌变法、辛亥革命、新民主主义革命、社会主义革命和建设、改革开放和社会主义现代化建设等重大事件和变革。在党对国家治理体系现代化的长期探索和实践基础上，党的十八届三中全会提出全面深化改革的总目标；党的十九届四中全会对坚持和完善中国特色社会主义制度、推进国家治理体系和治理能力现代化作出总体擘画，更进一步推动国家治理体系和治理能力现代化的完善，更有力地推动和保障党和国家事业向前发展。党的十八大以来，以习近平同志为核心

关键词七　国家治理体系和治理能力现代化

的党中央高度重视推进国家治理体系和治理能力现代化，习近平总书记强调："今天，摆在我们面前的一项重大历史任务，就是推动中国特色社会主义制度更加成熟更加定型，为党和国家事业发展、为人民幸福安康、为社会和谐稳定、为国家长治久安提供一整套更完备、更稳定、更管用的制度体系。"

一、推进国家治理体系和治理能力现代化意义重大

习近平总书记指出："真正实现社会和谐稳定、国家长治久安，还是要靠制度，靠我们在国家治理上的高超能力，靠高素质干部队伍。我们要更好发挥中国特色社会主义制度的优越性，必须从各个领域推进国家治理体系和治理能力现代化。"

（一）关系党和国家事业兴旺发达、国家长治久安、人民幸福安康

当今世界正经历百年未有之大变局。世界多极化曲折发展，经济全球化面临挑战，制度竞争日甚一日；全球治理和治理体系改革滞后，缺失、扭曲和异化问题比以往任何时候都愈加突出；现有的国际交流对话平台与协调合作机制运转失灵问题分外突出；无论是联合国、国际货币基金组织，还是世界贸易组织、世界卫生组织，面对重大国际危机和共同性挑战，都显得

力不从心。世界之变、时代之变、历史之变相互叠加、彼此牵动。"天下之势不盛则衰,天下之治不进则退。"在面临的风险挑战之严峻前所未有的新形势下,我们要顺应时代潮流,适应我国社会主要矛盾转化,统揽"四个伟大",不断满足人民对美好生活的新期待,战胜前进道路上的各种风险挑战,就必须坚持和完善中国特色社会主义制度、推进国家治理体系和治理能力现代化。正如习近平总书记所说:"发展环境越是严峻复杂,越要坚定不移深化改革,健全各方面制度,完善治理体系,促进制度建设和治理效能更好转化融合,善于运用制度优势应对风险挑战冲击。"

"制度稳则国家稳,制度强则国家强。"没有好的制度,或者运用制度管理社会各方面事务的能力不强,国家治理就会缺乏系统性、规范性、协调性、稳定性,就不能有条不紊地运行并取得应有的治理效果,国家就难以实现善治。在近一轮民主化进程中,拉美一些国家相继出现制度性或体制性危机,陷入了"中等收入陷阱"。"治理国家,制度是起根本性、全局性、长远性作用的。"中国特色社会主义制度和国家治理体系不是从天上掉下来的,而是在中国的社会土壤中生长起来的。新中国成立后,我们党深入思考和探索怎样建设社会主义、怎样治理中国的问题,在国家治理体系和治理能力上积累了丰富经验、取得了重大成果。改革开放以来,我们党团结带领人民开创和

关键词七　国家治理体系和治理能力现代化

发展了中国特色社会主义，不断完善中国特色社会主义制度和国家治理体系，使当代中国焕发出前所未有的生机活力。实践证明，中国特色社会主义制度和国家治理体系是以马克思主义为指导、植根中华大地、具有深厚中华文化根基、深得人民拥护的制度和治理体系，具有强大生命力和巨大优越性，必须倍加珍惜，毫不动摇坚持、与时俱进发展。

知识点链接　国家治理体系和治理能力现代化

国家治理体系和治理能力是一个国家制度和制度执行能力的集中体现。1992年，邓小平同志提出，再有30年的时间，我们才会在各方面形成一整套更加成熟更加定型的制度。党的十八届三中全会提出，要推进国家治理体系和治理能力现代化。我们推进国家治理体系和治理能力现代化要往什么方向走呢？党的十九届四中全会以专题的形式研究部署如何坚持和完善中国特色社会主义制度，推进国家治理体系和治理能力现代化。党的二十大明确将国家治理体系和治理能力现代化作为中国式现代化的重要目标之一，明确了"两步走"递进式全面建成社会主义现代化强国的战略安排。党的二十届三中全会对继续完善和发展中国特色社会主义制度，推进国家治理体系和治理能力现代化进行了全面规划和部署，提出了"七个聚焦"，同时，全会对进一步全面深化改革作了系统部署，强调了14个方面的改革任务，其中多数与制度体系、体制机制有关。

（二）新时代改革开放推向前进的根本要求

习近平总书记深刻指出："可以说，在人类文明发展史上，除了中国特色社会主义制度和国家治理体系外，没有任何一种国家制度和国家治理体系能够在这样短的历史时期内创造出我国取得的经济快速发展、社会长期稳定这样的奇迹。""两大奇迹"充分证明了我国国家制度的显著优越性和强大生命力。新时代全面深化改革不仅极大改变了中国面貌，而且深刻影响了整个世界，确实极不寻常、极不平凡。回顾2013年到2022年的10年间，中国经济总量占世界经济的比重从12.3%上升到18%左右，中国多年来一直是世界经济增长的最大动力源，对世界经济增长的贡献率多年来均超过30%，是全球发展的重要引擎。

面对新的形势和任务，必须进一步全面深化改革，继续完善各方面制度机制，着力固根基、扬优势、补短板、强弱项，构建系统完备、科学规范、运行有效的制度体系，加强系统治理、依法治理、综合治理、源头治理，把我国制度优势更好转化为国家治理效能。江苏省南通市深入推进源头治理，聚焦蓝天、碧水、净土"三大攻坚"，推动全市源头治理工作迈上新台阶，生态环境治理体系和治理能力现代化水平明显提升。为提高排放废气的处理效率，降低挥发性有机物和氮氧化物的排放总量，南通市投入2200万元将原有的废气治理设施催化燃烧系统改为直燃式废气处理系统，有效解决了含磷废气影响贵金属催化剂

关键词七　国家治理体系和治理能力现代化

处理效果的问题。改造后，废气处理效率可达99%，氮氧化物排放浓度4 mg/m^3，非甲烷总烃排放浓度28 mg/m^3，颗粒物排放浓度3.8 mg/m^3，污染物排放大幅降低。同时对废气产生的热能进行回收利用，大幅减少电费、蒸汽和催化剂，每年节约成本200万元。

◆◆ 江苏省南通市坚持生态立市，环境持续向好　（汉华易美/供图）

（三）新时代推进国家治理现代化的根本措施

习近平总书记指出："应该看到，中国特色社会主义制度是特色鲜明、富有效率的，但还不是尽善尽美、成熟定型的。中国特色社会主义事业不断发展，中国特色社会主义制度也需要不断完善。"众所周知，近些年，我国重要领域和关键环节改革成效显著，主要领域基础性制度体系基本形成，为推进国家治理体系和治理能力现代化打下了坚实基础，但与我国经济社会发展要求相比，与人民群众期待相比，与日趋激烈的国际竞争相比，与实现国家长治久安目标相比，我们在国家治理体系和治理能力方面还有许多不足，有许多亟待改进的地方。至今我们已经啃下了不少硬骨头，但还有许多硬骨头要啃；攻克了不少难关，但还有许多难关要攻克。因此，决不能停下脚步，决不能有松口气、歇歇脚的想法。这就对中国特色社会主义制度和国家治理体系提出"更加完善、不断发展"的新任务、新要求。

福建省漳州市龙文区碧湖街道发扬敢啃硬骨头的务实作风，组织干部下沉一线，真正从群众利益诉求出发，敢啃硬骨头，敢于"吃螃蟹"，锲而不舍、攻坚克难，成功化解一桩桩陈年积案，既有效控制了社会风险，又推动了市域社会治理创新发展。"这几年，我们饭吃不下、睡不安稳、住不好，做生意也没心情。"信访人严先生因征迁矛盾纠纷未解，2016年以来一

关键词七 国家治理体系和治理能力现代化

家人暂居社区居委会旧办公楼。为解决严先生的问题，街道干部上门家访，起初严先生有抵触情绪，后来干部带领协调小组与严先生保持高频次对接的同时，从严先生的亲戚、朋友等社会关系入手，全方位、多角度开展情绪疏导、思想引导等工作。在多方共同努力下，严先生终于愿意与干部沟通征迁协议。碧湖街道党工委书记表示，接下来，街道将聚焦突出的社会问题，不断完善城市管理和组织建设，拓宽群众参与渠道，不断提升风险防控智能化水平，健全完善矛盾预防化解多元机制，推进基层社会治理创新发展。

"万物得其本者生，百事得其道者成。"新时代国家治理需要在治理实践中不断提升辩证思维能力。一方面，强调国家在治理中的重要作用。我们不排斥任何有利于我国发展进步的他国治理经验，积极吸收借鉴人类制度文明有益成果，但绝不照抄照搬他国制度模式，绝不放弃我国社会主义制度根本。另一方面，坚持把国家治理同现代化结合起来，这表明我们对国家治理与现代化都有了更加全面而深刻的认识，不仅强调了国家治理体系和治理能力现代化是现代化的重要维度和重要组成部分，而且指明了国家治理体系和治理能力现代化在现代化中的重要作用和重要地位。

进入新时代，我国开始全面深化改革，改革也由分布式转向系统化、局部性转向整体性、分散化转向协同化。必须坚持科学推进，就是着眼国家治理现代化的目标要求，遵循国家治理现代化的内在规律，坚持问题导向与目标导向的有机统一，聚焦国家改革发展的重点领域和关键环节，善于发现、分析和解决改革发展中的各种新情况新问题新挑战，善于抓住时机，精准施策，敢抓善管，真抓实干，不断提升治理效能。

二、国家治理体系和治理能力现代化是一项系统工程

党的十八届三中全会首次提出"国家治理"的概念。国家治理反映了国家政治生活的方方面面。国家治理体系和治理能力现代化是一项系统工程，关键要统筹发挥系统治理的作用，实现政党、政府、市场、社会、人民等治理主体的合理分工与有效协作，实现国家治理的"立治有体，施治有序"，实现政府、社会和群众的良性互动，构建全民共建共享的治理格局。坚持完善和发展我国国家制度和国家治理体系，定能让"中国之制"的巨大优越性不断彰显，"中国之治"的强大生命力日益迸发。

（一）国家治理体系现代化是什么

习近平总书记指出："国家治理体系是在党领导下管理国家的制度体系，包括经济、政治、文化、社会、生态文明和党的建设等各领域体制机制、法律法规安排，也就是一整套紧密

关键词七　国家治理体系和治理能力现代化

相连、相互协调的国家制度。"国家治理体系现代化，主要是指各方面制度更加成熟、更加定型、更加巩固，优越性得到充分展现。例如，2024年6月25日14时7分，携带着从月球背面采集的宝贵样品，嫦娥六号返回器在内蒙古四子王旗预定区域准确着陆。嫦娥六号任务取得胜利，充分体现了在以习近平同志为核心的党中央引领下新型举国体制的独特优势，切实把制度优势转化为科技竞争优势，我国制度优越性得到充分展现。

如何选择国家制度和国家治理体系？一个国家选择什么样的国家制度和国家治理体系，是由这个国家的历史文化、社会性质、经济发展水平等决定的。在几千年的历史演进中，中华民族积累了关于国家制度和国家治理的丰富思想。然而，中国近代史是一部屈辱史，无数仁人志士为改变中国前途命运，开始探寻新的国家制度和国家治理体系，尝试了君主立宪制、议会制、多党制、总统制等各种制度模式，但都以失败而告终。新中国成立后，我们党在长期探索基础上坚持把马克思主义基本原理同中国具体实际相结合，同中华优秀传统文化相结合，使我国国家制度和国家治理体系既体现了科学社会主义基本原则，又具有鲜明的中国特色、民族特色、时代特色。

"治国者，圆不失规，方不失矩。"中国共产党领导是中国特色社会主义最本质的特征，党的领导是推进国家治理体系现代化的根本保证。一段时间以来，一些外媒炒作中国地方债务风险问题，认为这将影响中国经济发展。实际上，我国地方债务风险总体可控，截至2023年末，我国政府法定负债率为56.1%，低于国际通行的60%警戒线，也低于主要市场经济国家和新兴市场国家。坚持"开前门"和"堵后门"并举，对地方政府债务实行限额管理，在多地开展全域无隐性债务试点，通报隐性债务问责典型案例……近年来，我国积极出台一系列防范化解地方政府债务风险的制度体系，积极稳妥化解地方政府隐性债务风险。历史一次又一次证明，在风险挑战面前，中国共产党人以强烈的历史自觉和使命担当，把制度建设摆到更加突出的位置，以全面深化改革推动各方面制度更加成熟更加定型，不断塑造中国竞争新优势，不断彰显制度优越性。

（二）国家治理能力现代化的要求

习近平总书记指出："国家治理能力则是运用国家制度管理社会各方面事务的能力，包括改革发展稳定、内政外交国防、治党治国治军等各个方面。"国家治理能力现代化，要求增强制度执行能力，将国家制度优势更好转化为国家治理效能。当然，国家治理能力除了制度法律的执行能力外，还包括利用道德价值观等治理国家的能力。

进入新时代，制度法规从"纸上"落到"地上"、走进"心里"，着力增强人民群众获得感、幸福感、安全感，把制度执行到位、

关键词七　国家治理体系和治理能力现代化

将政策贯彻到底，融通"制"与"治"，推动制度优势更好转化为国家治理效能。

在治国理政的具体实践中，习近平总书记既部署"过河"的任务，也指导"船和桥"的建设问题，提出了"路线图"和"任务书"。党的二十届三中全会，锚定2035年基本实现社会主义现代化目标，重点部署未来5年的重大改革举措，提出的300多项改革举措。这些重要举措，阐释了国家治理能力的具体路径，指明了国家治理能力建设的着力点。

（三）国家治理体系和治理能力现代化的特点与挑战

习近平总书记指出："国家治理体系和治理能力是一个有机整体，相辅相成，有了好的国家治理体系才能提高治理能力，提高国家治理能力才能充分发挥国家治理体系的效能。"治理体系现代化是基础支撑，治理能力现代化是执行保障，要坚持做到"两手抓两手都要硬"，不能有所偏废。

2023年2月1日，高能同步辐射光源（HEPS）储存环隧道设备安装工作正式启动，标志着HEPS加速器设备安装进入攻坚阶段。HEPS是国家重大科技基础设施，建成后，将成为世界上亮度最高的第四代同步辐射光源之一，将为国家的重大战略需求和前沿基础科学研究提供技术支撑平台。类似于HEPS的大科学装置为解决关键瓶颈问题作出了突出贡献，其技术溢出也促进了经济社会发展，并依托设施逐步形成了一批

新时代改革关键词

在国际上有重要影响的国家科技创新中心和人才高地，其发展体现了国家意志，反映了国家需求，以"两手抓"确保中国式现代化行稳致远。

但应该认识到，随着实践的不断深入，国内外治理环境日趋复杂多变，中国特色社会主义制度需要不断改进和完善。同时，在制度优势转化为国家治理效能中依旧存在诸多困境，必须运用改革的方式不断革除体制机制弊端，加强治理能力建设。2018年，我国开始全面实施市场准入负面清单制度，经营主体

◆◆ 鸟瞰高能同步辐射光源 （汉华易美/供图）

关键词七　国家治理体系和治理能力现代化

法无禁止即可为，准入壁垒大幅破除。与此同时，全面推开"证照分离"改革，深入推进简政放权，完善产权保护制度和要素市场制度，建设高标准市场体系……一系列改革举措，从细处到全局，让有效市场和有为政府更好结合，让社会主义市场经济体制更加完善，中国经济底气更足、动力更强。可见，运用改革的方式不断革除体制机制弊端，在解决问题的同时，"我们既要坚持好、巩固好经过长期实践检验的我国国家制度和国家治理体系，又要完善好、发展好我国国家制度和国家治理体系，不断把我国制度优势更好转化为国家治理效能"，是改革顺利推进、改革成果及时巩固的有效路径。

> **知识点链接　中国之治**
>
> "中国之治"是党的十九大以来理论回应中国治理实践的最新成果，具有特定的语境与含义。"中国之治"不仅是对推进国家治理体系和治理能力现代化这一重大命题的回答，而且照亮了国家治理新征程，使中国有更大力量为全球治理作出贡献。
>
> 中国之治最大的优势是中国共产党的领导。中国共产党拥有理论、政治、制度、组织和联系群众等各方面的现代治理能力，创造出新型而先进的国家治理体系；中国之治，体现着对解决人类面临共同问题的中国智慧，更具有中国气派、中国特色、中国风格。

三、努力实现国家治理体系和治理能力现代化

新征程，推进国家治理体系和治理能力现代化，从夯基垒台、立柱架梁到全面推进、积厚成势，再到系统集成、协同高效，各领域基础性制度框架基本确立，许多领域实现历史性变革、系统性重塑、整体性重构。我国制度优势充分发挥，更好转化为国家治理效能，必须始终高举中国特色社会主义伟大旗帜不动摇，积极稳妥推进国家治理体系和治理能力现代化。

（一）坚持党的全面领导，为实现国家治理体系和治理能力现代化提供根本保证

习近平总书记指出："我们治国理政的本根，就是中国共产党领导和社会主义制度。"党的领导不是空洞的、抽象的，而是具体的、实践的。由于国家治理体系是由众多子系统构成的复杂系统，必须贯穿于国家治理的方方面面。翻开中国县域经济百强县第五名长沙县的星沙街道楼宇的"简历"，14座重点楼宇占全县楼宇总量的50%，入驻企业1300多家，带动就业5万余人。在取得喜人成绩的同时，商圈楼宇经济发展存在用工短缺、融资困难等问题，星沙街道以党建为引领，通过党建、服务、经济、人才、消费"五圈"融合，打造"星光圈"楼宇商圈党建品牌，发挥"党建强、人才聚、产业兴"的联动效应，以高质量党建为商圈经济高质量发展注入强大动能。2023年，星沙街道实现党建助推楼宇商圈经济跃升。这一年，楼宇企业纳税2.86亿元，占全县楼宇税收的55%。这些成绩的取得正是突出坚持和完善党的领导制度，抓住了国家治理的关键和根本，为实现国家治理现代化提供了根本保证。

（二）弘扬社会主义核心价值观，为实现国家治理体系和治理能力现代化提供价值指引

任何一种社会制度的背后都有核心价值观，为人们的价值判断提供标准、具体行为提供指引。同样，现代化的国家治理需要核心价值体系的导航定向，需要坚如磐石的精神和信仰力量。推进国家治理体系和治理能力现代化，就要大力培育和弘扬社会主义核心价值观，加快构建充分反映中国特色、民族特性、时代特征的价值体系。从文博场馆里过大年、非遗大集上买年货到故宫IP火爆朋友圈、中国古风吹遍海内外，再到中国空间站奏响《茉莉花》……在社会主义核心价值观引领下，中华优秀传统文化创造性转化、创新性发展的脚步愈加坚实，深沉有力的文化自信、繁荣兴盛的文化创新、美美与共的文明交流互鉴，成为新时代中国鲜明的印记。我们必须增强文化自信，发展社会主义先进文化，弘扬革命文化，传承中华优秀传统文化，加快适应信息技术迅猛发展新形势，培育形成规模宏大的优秀文化人才队伍，激发全民族文化创新创造活力。

（三）加强制度建设，为实现国家治理体系和治理能力现代化提供基础支撑

"经国序民，正其制度。"习近平总书记指出："推进国家治理体系和治理能力现代化，就是要适应时代变化，既改革不适应实践发展要求的体制机制、法律法规，又不断构建新的体制机制、法律法规，使各方面制度更加科学、更加完善，实现党、国家、社会各项事务治理制度化、规范化、程序化。"制度是带有根本性的东西。任何一项改革，都是对制度的调整、治理的创新，最终都要以制度形式固定延续下来。"一张清单"，窥见制度建设，激发创新活力。2016年3月，我国制定《市场准入负面清单草案（试点版）》，共列出328项清单事项；2022年3月，国家发展改革委、商务部印发《市场准入负面清单（2022年版）》，共列出事项117项，清单事项缩减比例达到64.3%，推动市场准入门槛不断放宽，有力促进了国家治理体系和治理能力现代化。未来需要抓住重点，突出体制机制改革，突出战略性、全局性重大改革，突出经济体制改革牵引作用，凸显改革引领作用。

（四）加强治理能力建设，为实现国家治理体系和治理能力现代化提供执行保障

习近平总书记指出："要更加注重治理能力建设，增强按制度办事、依法办事意识，善于运用制度和法律治理国家，把

关键词七 国家治理体系和治理能力现代化

各方面制度优势转化为管理国家的效能，提高党科学执政、民主执政、依法执政水平。"制度的生命力在于执行，如果制度仅仅挂在墙上、写在纸上，就是没落到行动上，制度就成了摆设。比如，在过去一段时间，部分基层党组织没有严格执行"三会一课"制度，把开党支部会或党小组会当成负担，打折扣、搞变通的情况时有发生，无法保证党章和其他党内法规制度在

知识点链接 国家治理效能

党的十八届三中全会召开后，习近平总书记在《关于〈中共中央关于全面深化改革若干重大问题的决定〉的说明》中指出，要"进一步提高政府效率和效能"，在《切实把思想统一到党的十八届三中全会精神上来》中又强调国家治理的"体系"与"能力"要协同推进、有机统一，"提高国家治理能力才能充分发挥国家治理体系的效能"，进而把各方面制度优势转化为管理国家的效能。党的十九届四中全会首次以党的中央全会的方式召开了国家治理体系和治理能力现代化专题会议，提出要"把我国制度优势更好转化为国家治理效能"。党的十九届五中全会则更进一步将"国家治理效能得到新提升"确定为"十四五"时期国家治理现代化的总目标和经济社会发展的六大主要目标之一。习近平总书记在《关于〈中共中央关于进一步全面深化改革、推进中国式现代化的决定〉的说明》中指出："面对新的形势和任务，必须进一步全面深化改革，继续完善各方面制度机制，固根基、扬优势、补短板、强弱项，不断把我国制度优势更好转化为国家治理效能。"

现实生活中充分运行。因此，要强化制度执行力，加强制度执行的监督，切实把我国制度优势转化为治理效能。制度执行力很大程度上就是指各级各部门党政领导干部的领导能力和执政能力，一方面，切实强化制度意识，带头维护制度权威，做制度执行的表率；另一方面，完善监督问责机制，真正使制度成为硬约束而非"橡皮筋"。

（五）深化党和国家机构改革，为实现国家治理体系和治理能力现代化提供组织保障

习近平总书记指出："党和国家机构职能体系是中国特色社会主义制度的重要组成部分，是国家治理体系和治理能力的重要支撑。"党的十八大以来，党中央把深化党和国家机构改革作为推进国家治理体系和治理能力现代化的一项重要任务，尤其是党的十九届三中全会就深化党和国家机构改革作出部署，推动党和国家机构职能实现系统性、整体性重构。根据新的使命任务、新的战略安排、新的工作需要，2023年，中共中央、国务院印发了《党和国家机构改革方案》，使之更好适应党和国家事业发展需要。要继续运用好坚持党对机构改革的全面领导、坚持不立不破先立后破、坚持推动机构职能优化协同高效、坚持中央和地方一盘棋、坚持改革和法治相统一、坚持把思想政治工作贯穿改革全过程等宝贵经验，把住要害和关键，把工作做深做细，有组织、有步骤、有纪

关键词七 国家治理体系和治理能力现代化

律推进机构改革组织实施工作。

（六）依靠人民群众，为实现国家治理体系和治理能力现代化提供根本动力

党的二十届三中全会指出："坚持以人民为中心，尊重人民主体地位和首创精神，人民有所呼、改革有所应，做到改革为了人民、改革依靠人民、改革成果由人民共享。"推进国家治理现代化要坚持以人民为中心，将其体现在制度设计和治理实践之中。党的十八大以来，我国抓住人民群众最关心最直接最现实的利益问题推进重点领域改革，推动解决人民群众急难愁盼问题。如，加快完善住房保障体系建设，让1.4亿多群众喜圆安居梦，个人所得税改革惠及2.5亿人，建成世界上规模最大的教育体系、社会保障体系、医疗卫生体系……新征程上，要始终坚持以人民为中心的国家治理价值取向，维护人民根本利益，增进民生福祉，不断实现发展为了人民、发展依靠人民、发展成果由人民共享，让现代化建设成果更多更公平惠及全体人民。

关键词八
在发展中保障和改善民生

悠悠万事，民生为大。党的十八大以来，以习近平同志为核心的党中央牢牢把握以人民为中心的价值取向，抓住人民最关心最直接最现实的利益问题推进民生领域改革。通过多年奋斗，我国建成了世界上规模最大的教育体系，2023年九年义务教育巩固率、高等教育毛入学率分别为95.7%、60.2%；建成了世界上规模最大的社会保障体系，基本养老保险、失业保险、工伤保险覆盖人数分别达到10.7亿人、2.4亿人、2.9亿人；建成了世界上规模最大的医疗卫生体系，覆盖城乡的医疗卫生服务三级网络不断健全，90%的家庭15分钟内能够到达最近的医疗点。民心所盼，改革所向。党的二十届三中全会《决定》指出:"在发展中保障和改善民生是中国式现代化的重大任务。"新起点新征程,我们更要进一步全面深化改革,加大保障力度,切实改善民生,让现代化建设成果更多更公平惠及全体人民。

一、发展的目的是保障和改善民生

民生是人民幸福之基、社会和谐之本。进一步全面深化改革,必须以促进社会公平正义、增进人民福祉为根本出发点和落脚点,始终做到改革和发展为了人民,改革和发展依靠人民,改革和发展的成果由人民共享。

(一)进一步全面深化改革必须始终坚持以人民为中心

这是从历史经验、党的性质和马克思主义历史观中得到的真知灼见。

历史昭示的真理。先秦商鞅变法废井田、开阡陌,奖励耕战,打破世卿世禄制,让"秦民大悦,路不拾遗,山无盗贼,家给(不穷乏)人足。民勇于公斗,怯于私斗,乡(农村)邑(城市)大治",为"秦王扫六合"奠定了基础。尽管受时代局限,此并非现代意义上的"以人民为中心",但确实佐证了改革必须要依靠广大群众才能成功。40多年改革开放的奋斗史,带来了更具现实意义的宝贵经验。农村能不能搞大包干?小岗村的18位村民签下"生死契约",拉开了我国农村改革的序幕。历史经验告诉我们，改革只有坚持以人民为中心，将自下而上与自上而下相结合，才能凝聚改革共识、汇聚改革合力，才能产生改革成效。

由党的性质宗旨、初心使命决定。毛泽东同志曾做过一个精妙的比喻：党和群众的关系是鱼水关系。水可以没有鱼，但鱼不能没有水。党和党员都是不能离开水的鱼。我们党成立于中华民族濒临灭国亡种之际，自成立以来，我们党为无产者之权利领导农民打土豪、分田地、开展工人运动，为人民尊严、民族独立领导人民抵御日寇，为实现国富民强领导人民开展社会主义革命、建设和改革开放，为实现千年夙愿领导人民打赢脱贫攻坚战、全面建成小康社会，为实现中华民族伟大复兴领导人民全面深化改革、推进中国式现代化。历史充分表明，一部中国共产党的历史，就是党践行初心使命、一切为了人民利益而奋斗的历史。未来，我们的事业无论发展到什么阶段，都将始终坚持以人民为中心的根本立场，始终保持党同人民群众的血肉联系，始终保持马克思主义政党的鲜明本色。

由人民群众在历史中的作用决定。马克思、恩格斯曾作出这样的论断："历史活动是群众的事业，随着历史活动的深入，必将是群众队伍的扩大。"习近平总书记指出："人民是历史的创造者，是决定党和国家前途命运的根本力量。"回顾过去，是人民群众用小推车推出了淮海战役的胜利，是人民群众节衣缩食捐出的飞机大炮打赢了抗美援朝战争，是人民群众的包容

关键词八　在发展中保障和改善民生

和牺牲扛住了自然灾害、世纪疫情的肆虐。历史和现实都证明,人民始终是这些绚丽篇章的书写者。只有坚持人民群众主体地位,尊重人民群众首创精神,才能最大限度激发人民群众的创造热情。

(二)进一步全面深化改革才能不断解决人民群众急难愁盼问题

人民有所呼,改革有所应。在湖南湘江新区莲花镇金华村,三张写满红字、黑字的民生难题清单见证了基层党员干部解决群众急难愁盼问题的决心、用心、暖心。通过征集村民意见,金华村以实际行动回应群众关切,逐项解决了水渠清淤、山塘修缮、路灯安装等最关注的问题。群众的幸福生活、生产的堵点破除,就在一条条意见的解决中悄然实现。

问题是时代的声音,人民心声是改革所向。要注重从就业、增收、入学、就医、住房、办事、托幼、养老以及生命财产安全等老百姓关注的急难愁盼中找准改革的发力点和突破口,多推出一些民生所急、民心所向的改革举措,多办一些惠民生、暖民心、顺民意的实事,才能把牢进一步全面深化改革的价值取向。

老百姓关心什么、期盼什么,改革就要抓住什么、推进什么。要善于从群众关注的焦点、百姓生活的难点中寻找改革切入点,让人民群众有更多、更直接、更实在的获得感、幸福感、安全感,

新时代改革关键词

◆◆ 宁夏彭阳新农村建设 （彭阳县委党史和地方志研究室/供图）

这是进一步全面深化改革赢得人民支持、取得历史性伟大成就的一条重要经验。了解民情、掌握实情，搞清楚问题是什么、症结在哪里，拿出实招、硬招，才能切实提升改革的精准性、针对性、实效性，不断把人民对美好生活的向往变为现实。

（三）进一步全面深化改革，让发展成果更多更公平惠及全体人民

新起点新征程，改革成功与否不仅仅体现在经济增长速度上，更在于能否让发展成果更多更公平惠及全体人民。

关键词八　在发展中保障和改善民生

全面深化改革必须聚焦提高人民生活品质。前段时间，勉励后辈学习的《送东阳马生序》火爆全网，尽管文中宋濂自称"贫寒学子"，但有仆人服侍在侧。从这一角度看，封建王朝的教育主要针对士大夫地主阶级，不是真正意义上的公平教育。反观现在，经过多年改革，我们每个公民都有受教育的机会，城乡居民基本养老保险基础养老金逐年提高，县医院和乡镇卫生院看病报销比例不断提高，农村马路和路灯修到家门口……一系列改革举措让人民群众受益良多，让人民生活有了真改善。特别是党的二十届三中全会提出把"提高人民生活品质"摆在全面深化改革的突出位置，将更加注重人民群众的主观感受和价值评价。

促进社会公平正义，让改革发展成果更多更公平惠及全体人民是我们党推进全面深化改革的根本目的。2022年11月，长沙市率先在全省实施城乡环境卫生公共服务一体化改革，让全市843个村和341万农民享受到与城市一样的环境卫生服务。同时，长沙市同步推进美丽乡村、美丽屋场和美丽庭院建设，让乡村环境更加宜居宜业宜游、乡村居民更加富裕富足富有。2023年1—9月，长沙市乡村旅游接待总人次、总收入分别增长14.97%、13.68%。2023年，长沙市农村居民人均可支配收入43200元，比上年增长6.2%。迈向新征程，必须通过进一步全面深化改革，建立和完善各项民生制度，稳就业、增收入，补短板、促公平，兜底线、织密网，有力保障人民共享改革发展成果。

全体人民共同富裕是中国式现代化的本质要求。在历届长沙市委、市政府的接力帮扶下，位于湘西的龙山县地区生产总值从1994年的8.14亿元增长到2023年的112.34亿元，农村居民人均可支配收入从1994年的782元增加到2023年的14498元，体现了先富帮后富，走共同富裕之路。未来，在进一步全

知识点链接 健全保障和改善民生制度体系

党的二十届三中全会通过的《中共中央关于进一步全面深化改革、推进中国式现代化的决定》提出："在发展中保障和改善民生是中国式现代化的重大任务。"

健全保障和改善民生制度体系包括完善收入分配制度、完善就业优先政策、健全社会保障体系、深化医药卫生体制改革、健全人口发展支持和服务体系。《决定》指出，形成有效增加低收入群体收入、稳步扩大中等收入群体规模、合理调节过高收入的制度体系。深化国有企业工资决定机制改革。完善高校毕业生、农民工、退役军人等重点群体就业支持体系，健全终身职业技能培训制度。健全基本养老、基本医疗保险筹资和待遇合理调整机制。完善大病保险和医疗救助制度。健全社会救助体系。加快建立租购并举的住房制度，加快构建房地产发展新模式。完善生育支持政策体系和激励机制，推动建设生育友好型社会。加强普惠育幼服务体系建设。

关键词八　在发展中保障和改善民生

面深化改革、以中国式现代化推进中华民族伟大复兴的新征程上，先富地区、先进城市更要始终坚持以人民为中心的发展思想，在高质量发展中促进共同富裕，积极主动解决地区差距、城乡差距、收入分配差距，提高发展的平衡性、协调性、包容性。

二、改革的重点是保障和改善民生

改革没有完成时，只有进行时。习近平总书记强调："中国式现代化，民生为大。"进一步全面深化改革，就是要健全和完善民生领域的体制机制，真正让人民过上更好的日子，才能不断开辟中国式现代化广阔前景。

（一）完善社会保障体系

"天下之务莫大于恤民。"社会保障是治国安邦的大事，是保障和改善民生的基本制度。新时代新征程，如何完善社会保障制度，关键是做好兜底工作。

坚持扩大覆盖范围，让社会保障事业"兜住底"。目前，仍有部分人群没有被纳入社保，市场补充保障还不够，社保统筹层次有待提高，等等。新征程上，坚定不移完善社会保障制度，就是要顺应人民对高品质生活的期待，持续增强社会保障制度的可持续性、可及性，不断推动幼有所育、学有所教、劳有所得、病有所医、老有所养、住有所居、弱有所扶取得新进展。

鼓励基层实践创新,让社会保障事业"兜好底"。重庆高新区一些重度失能的老人,受限于经济条件,只能家人24小时照顾,但长时间繁重的护理会让照护者身心俱疲。可喜的是,重庆仁爱社会工作服务中心为社区居民创新提供看护几天的"喘息服务",不仅让照护者获得短暂放松,而且把专业服务送到居民身边。基层是最有创造力、最容易出改革成果的地方。完善社会保障制度,关键是将顶层设计与地方实践相结合,积极发挥基层首创精神,试点推进好经验好做法,并将其逐步上升为政策措施。

强化规范精细管理,让社会保障事业"兜牢底"。一方面,要强化法治保障,严厉打击欺诈骗保、套保、挪用、贪占社会保障资金的行为,守护好人民群众的每一分养老钱、保命钱和每一笔救助款、慈善款。另一方面,要做到社会保障与经济社会发展水平相适应。"水浅行小舟,水深走大船",我们的改革必须遵循普惠性、基础性、兜底性民生建设规律,切实维护社会保障事业在安全轨道上运行。

(二)完善收入分配制度

治国之道,富民为始;民之贫富,国之责任。当前,我国中等收入群体规模还不大,低收入群体增收存在困难,收入差距依然较大。但我们通过改革探索积累了许多有益做法。比如长沙市雨花区红星村共同富裕的模式,就为破解当前收入分配瓶颈提供了一些新思路、新方向。

不断培育收入增长新动能。广大群众都盼着收入连年增长，而收入增长总体上有赖于经济总量的扩大。因此，只有继续做大"蛋糕"，才有更多资源可供分配，提升收入水平。2002年12月31日，长沙市雨花区红星村通过评估集体资产，2534名户籍居民成为村集体企业股东。认股20年，集体经济收益滚雪球般壮大，2022年达到3.88亿元。此外，鼓励股东创业，在红星村形成一种"创富"现象。20年来，760多位居民自主创业，累计资产500万元以上的约有50人。红星村没有吃光分光集体资产，而是将大部分收益投入产业滚动发展，先后投资建设红星商业大楼、井湾子家具城，最近的大手笔是投建了居全国同类市场前三的红星全球农批中心。

合理调节收入差距。合理的收入差距能激发劳动者提高工作效率，差距过大则可能激化社会矛盾。目前，我国中等收入家庭人口约占总人口的30%，提升空间较大。因此，要积极构建财富积累的分化管控与鸿沟消弭机制，保护合法收入，调节过高收入，清理和规范隐性收入，取缔非法收入；提高低收入者收入，扩大中等收入群体的比重，缩小城乡和行业之间的分配差距，推动逐步形成两头小、中间大的橄榄型分配格局。

创新收入分配机制，激发创新活力。共同富裕不是简单的平均主义，更不是"杀富济贫"的分配改革。党的二十届三中全会通过的《决定》提出，提高居民收入在国民收入分配中的比重，提高劳动报酬在初次分配中的比重，主要目的是最大限度激发人民群众的干劲与活力。所以，必须从我国基本国情和发展阶段出发，大力完善初次分配、再分配、第三次分配协调配套制度体系，让分配财富的提供者有荣誉感、成就感，让受益者有归属感、幸福感。

（三）深化医药卫生体制改革

经过多年的努力，我国人均预期寿命从2012年的73.5岁提高到2023年的78.6岁，孕产妇死亡率、婴儿死亡率分别降至15.1/10万、4.5‰，服务全民的中国特色基本医疗卫生制度框架基本建立。但我们也应该清醒认识到，医改之路并不容易，对有着14亿多人口的发展中大国来说，将医改进行到底，必须跳出窠臼，从新的高度把握党的二十届三中全会《决定》中关于医改的重要论述。

深化医改已上升到公共安全维度。新冠疫情凸显了公共卫生体系建设的极端重要性。如果公共卫生水平低，传染病流行，常见病、慢性病、多发病控制不力，不仅人民负担重，社会也会付出沉重代价。未来，我们仍面临生物安全和流行病威胁，必须从统筹发展和安全角度出发，以改革创新精神主动应对新挑战，加快推进公共卫生体系建设，进一步为人民健康织紧织密"防护网"。

关键词八　在发展中保障和改善民生

深化医改是一项民生工程。过去，许多家庭可能会因一场突如其来的疾病陷入经济危机，这种情况不仅影响人民的生活质量，也会给整个社会带来不可忽视的隐患。党的十八大以来，在党中央的坚强领导下，我们通过持续深化医疗、医药、医保联动改革，构建了多层次医疗保障体系。《2023年我国卫生健康事业发展统计公报》显示，我国卫生总费用初步推算为9.06万亿元，占国内生产总值的7.2%，人均卫生费用约6425元。深化医药卫生体制改革任重道远。

◆◆　湖南省深化医药卫生体制综合改革试点工作会议在长沙召开　（湖南图片库/供图）

深化医改的本质是一场医疗卫生健康制度的重大革命。医改表面上看是解决看病难、看病贵的问题，其实质是通过顶层制度改革的重塑，解决医疗资源不能满足人民群众就医需求的矛盾。2012年，福建三明市自发开展了一场医疗改革，率先对虚高药价、过度诊疗等问题开炮。12年过去，三明老百姓看病负担明显减轻，医院收入结构优化，医院工资总额提高6倍以上，

知识点链接 深化医药卫生体制改革

党的二十届三中全会通过的《中共中央关于进一步全面深化改革、推进中国式现代化的决定》指出："实施健康优先发展战略，健全公共卫生体系，促进社会共治、医防协同、医防融合……促进医疗、医保、医药协同发展和治理。促进优质医疗资源扩容下沉和区域均衡布局……深化以公益性为导向的公立医院改革，建立以医疗服务为主导的收费机制，完善薪酬制度，建立编制动态调整机制。引导规范民营医院发展。创新医疗卫生监管手段。健全支持创新药和医疗器械发展机制，完善中医药传承创新发展机制。"

《国务院办公厅关于印发〈深化医药卫生体制改革2024年重点工作任务〉的通知》明确指出：加强医改组织领导，探索建立医保、医疗、医药统一高效的政策协同、信息联通、监管联动机制。深化医疗服务价格改革，深化公立医院薪酬制度改革，提高公共卫生服务能力，推进国家紧急医学救援基地、国家重大传染病防治基地等重点项目建设等。

医保基金使用效益提升。2021年6月，国务院办公厅印发《深化医药卫生体制改革2021年重点工作任务》，其中第一条即提出"进一步推广三明市医改经验，加快推进医疗、医保、医药联动改革"。如今，浙江湖州、江苏盐城、湖南湘潭、贵州遵义等地成为推广三明医改经验的地级市。

加大政府投入力度，解决医院发展、医生薪酬等问题，消除医疗医药医保领域中的内卷，促使医疗行为回归医学本质，遏制过度医疗，减少医疗资源的浪费，努力做到药品回归治病功能、医生回归看病角色、医院回归公益性、医改回归健康价值。更重要的是增量改革，找到一条医疗卫生事业可持续发展的医改之路，在社会经济发展的基础上，合理增加总医疗费用的同时，真切减轻卫生经济负担。

（四）健全人口发展支持和服务体系

党的二十届三中全会明确提出要以应对老龄化、少子化为重点完善人口发展战略，健全覆盖全人群、全生命周期的人口服务体系，促进人口高质量发展。

以人口高质量发展支撑中国式现代化。中国自古对人口发展十分重视。曾子认为："有人此有土，有土此有财，有财此有用。"管仲提倡："以人为本。本理则国固，本乱则国危。"在先秦诸子的影响下，历代封建王朝始终秉持"广土众民"思想。如今，人口发展更是关系中国式现代化和中华民族伟大复兴的大事。未来，我国将继续健全人口发展支持和服务体系，为全面建成社会主义现代化强国提供有力人口保障。

优化人力资源是人口高质量发展的内在要求。根据全国政协调研数据，从人口总量看，我国有 14 亿多人口，其中有 8.82 亿名劳动力，预计 2035 年劳动力保持在 8 亿人左右，2050 年劳动力将保持在 6.3 亿人左右。从人口素质看，我国接受高等教育人口超过 2.5 亿人且在持续增加，已成为全球规模最宏大、门类最齐全的人才资源大国。今后我国人口发展少子化、老龄化的发展趋势已不可避免，但仍长期是人口大国。实现人口高质量发展必须认识、适应、引领这一人口发展新常态，大力优化人力资源，推动"人口红利"向"人才红利"转变。

实现人口高质量发展必须努力保持适度生育水平和人口规模。2023 年我国出生人口 902 万人，已出现"七连降"，人口自然增长率则"两连负"，总和生育率居全球主要经济体倒数第二。60 岁以上老人达 2.97 亿人，占 21.1%。养老和育儿已从"家事"变成"国事"。保持适度人口规模必须妥善解决"一老一小"问题。一方面，针对少子化问题，要破解"不想生、不敢生、不能生"难题，持续优化生育政策，提高优生优育，发展普惠托育，扭转内卷教育，提高社会生育意愿；另一方面，针对老龄化问题，国家已连续多年出台系列政策措施，后续还要进一步补齐居家和社区养老服务短板，破解失能老人照护困局，持续完善长护险筹资监管等机制，大力发展"银发"经济，逐步让"养老"变"享老"。

三、民生的改善是稳定的基础

"善为国者，爱民如父母之爱子、兄之爱弟，闻其饥寒为之哀，见其劳苦为之悲。"通过改革，破除不符合人民利益、阻碍人民发展、影响人民生活质量的体制机制障碍，使人民群众的生活质量得到提高，基本需求得到满足，幸福指数更高，社会才能更加稳定。

（一）明确民生改革任务，提升顶层设计力

习近平总书记指出，中国式现代化是分阶段、分领域推进的，实现各个阶段发展目标、落实各个领域发展战略同样需要进行顶层设计。因此，对于进一步全面深化民生领域改革工作，也一定绕不开顶层设计。

提高顶层设计力必须坚持党的领导。改革开放多年取得的成绩，最生动地回答了党的领导在改善民生、提高顶层设计力中的根本性作用。特别是党的十八大以来，以习近平同志为核心的党中央，带领全党成功打赢了人类历史上规模空前、力度最大的脱贫攻坚战，众志成城全面建成小康社会，充分彰显了顶层设计、宏观把握的重要性。所以，进一步全面深化改革，

必须毫不动摇坚持党的领导，坚决把党的领导落实到改革任务各领域各方面各环节。

提高顶层设计力必须强化思维能力。思维能力是人类认识世界、改造世界能力的直接体现。大力提高深化改革的顶层设计力，就是要不断提高战略思维、历史思维、辩证思维、系统思维、创新思维、法治思维、底线思维能力七种重要思维能力，确保前瞻性思考、全局性谋划、整体性推进改革事业。同时，要注意把牢改革的总体方向，把困难估计得更充分一些，把风险思考得更深入一些。

提高顶层设计力必须紧扣地方实际。"知屋漏者在宇下，知政失者在草野。"纵观许多重大改革，都是在深入调查研究、系统总结各地经验基础上推进的，最终达到改革的目的。为打赢脱贫攻坚战，习近平总书记走遍了全国14个集中连片特困地区，通过实地走访调研，寻找贫困的根源。2013年11月，在湘西十八洞村考察时习近平总书记提出了"精准扶贫"这一基本方略。在精准扶贫方略的指引下，全国各地一家一户摸底建档，一户一策帮扶脱贫，逐个解决了住房、医疗、教育、就业等致贫问题，让数千万名农村贫困人口生活好了起来。

（二）制定民生改革举措，提升项目支撑力

党的十八届三中全会以来取得的丰硕改革成果，记录着全面深化改革造福人民的温暖步伐，生动诠释了让人民生活幸福

关键词八 在发展中保障和改善民生

是"国之大者"。

民生改革是增强人民福祉的关键路径。足不出户，只用指尖轻触手机屏幕就可以完成水、电、煤、气等生活缴费；无缝衔接的城铁、地铁、公交、换乘枢纽建设方便回家的人；社区（村）卫生服务站建设到家门口……一件件看似普通的小事，却实实在在地提升了人民的生活品质。医疗、教育、住房、养老、托幼、社会保障，既是百姓关切的焦点，也是长期以来民生领域的发力点。改革是由问题倒逼而产生，又在不断解决问题中得以深化。下一步，国家将以制度建设为主线，推进户籍、社保、收入分配等领域"破立并举、先立后破"的重大制度性改革。

◆◆ 2021年8月30日，湖南省岳阳市岳阳楼区金湖小区整体改造完工后焕然一新 （湖南图片库/供图）

民生项目是民生改革的重要抓手。住房、教育、医疗、文化、体育等领域改革，都通过民生项目的建设实现。农村"厕所革命"是全面深化改革以来重要民生工程的典型代表。改厕虽小，民生事大。从粪便暴露、苍蝇横飞、臭味弥漫的露天粪坑，到干净整洁、白砖贴面的现代厕所，改厕项目的实施，不仅有效弥补了农民生活中的短板，而且积极引领了乡村社会的文明新风尚。截至2023年5月，全国农村卫生厕所的普及率超过73%。

充足的财政投入是民生项目的重要推进力。不断增进民生福祉。湖南自2004年开始，每年向人民承诺办好一批重点民生实事，到2023年湖南已累计办理重点民生实事220件，投入超过1.2万亿元，解决了一大批群众急难愁盼问题。2024年，湖南省计划投入536亿元，扎实办好"十大重点民生实事"。根据财政部数据，2023年财政资金中社会保障和就业支出、教育支出、卫生健康支出占比达38.5%，创近5年新高。民生无小事，一枝一叶总关情。财政保障必须尽力而为，量力而行，整体向民生领域倾斜，让每一笔财政资金为民生改革提供保障、为民生加温、为百姓幸福加码。

（三）推进民生改革实践，提升成果转化率

党的二十届三中全会既科学谋划了围绕中国式现代化进一步全面深化改革的总体部署，又强调"全党上下要齐心协力抓好《决定》贯彻落实，把进一步全面深化改革的战略部署转化

关键词八　在发展中保障和改善民生

为推进中国式现代化的强大力量"。

改革要更加注重实效，以钉钉子精神狠抓落实。"一分部署，九分落实。"不抓好落实，改革就是空中楼阁；大抓落实、狠抓落实，改革就会将美好蓝图变为美好现实。落实不到位就会导致"利民之政"变成"扰民之举"。因此，把进一步全面深化改革的宏伟蓝图转化为具体改革成效，必须聚焦、聚神、聚力抓好改革任务的落实工作。要把握落实的精神和原则，坚持稳中求进、先立后破，树立和践行正确政绩观。要建立全过程、高效率、可核实的改革落实机制。制定好实施方案，实行清单式、销号式管理，层层压实责任，分清轻重缓急、时间顺序，完善重点改革任务督查督办机制。

改革重在大抓落实，贵在精准科学。措施方法不科学、不精准，抓落实的成效就会打折扣。因此，改革目的要明、思路要清、方法要准，要抓重点求突破，抓住时间节点，做到分类施策、精准施策。对利民长远的宏观改革，重点要设计好蓝图，画好"施工图"，明确"任务书""施工图""时间表"。对民生影响小的微观改革，要逐一研究，针对问题，创新举措，确保"药到病除"。对摸着石头过河的民生改革试点，要"踩稳一步，再迈一步"，及时总结经验，创造更多可复制可推广的改革经验和改革模式。

改革呼唤更多改革促进派、实干家。改革进入深水区和攻坚期，任务之重前所未有、挑战之多前所未有。越发需要党员干部有干事不避事、担责不推责的担当精神，勇当"心有天下、敢为人先"的改革先锋，以实际行动和改革实效牢固树立正确政绩观。需要党员干部以严实作风，以"功成不必在我"的精神境界和"功成必定有我"的责任担当，以"事不过夜、马上就办"的紧迫感，通过一步一个脚印的努力、一锤接着一锤敲，向党和人民交出新的合格答卷。同时，我们也要突出抓实改革激励和容错纠错的制度供给，最大限度调动一切积极因素，营造良好改革氛围，让更多改革促进派、实干家涌现出来，为全面深化改革提供不竭动力。

追风赶月莫停留，平芜尽处是春山。改革，是万众一心的伟大事业。我们相信，新的部署、新的起点，只要聚焦提高人民生活品质，以改革为先导、向改革要动力，继续把改革推向前进，就一定能乘势而上，续写在发展中保障和改善民生领域改革的新篇章。

关键词九
乡村全面振兴

2024年5月21日《人民日报》头版头条报道了湖南常德市谢家铺万亩粮食综合示范片区，利用高科技种粮、以高科技带动乡村全面振兴的典型案例。春耕、夏耘、秋收、冬藏，一年四季农事忙。习近平总书记在多次地方考察中关注"中国饭碗"，站在广袤的大地上思索强农惠农、农村改革与发展的问题。习近平总书记关于乡村全面振兴的重要论述为新时代乡村全面振兴及推进城乡融合发展提供了重要遵循。

一、必须扛牢乡村全面振兴的重大责任

实施乡村振兴战略，是党的重大决策部署，是全面建设社

会主义现代化国家的重大历史任务，是新时代"三农"工作的总抓手。解决好"三农"问题、巩固拓展脱贫攻坚成果、实现第二个百年奋斗目标、维护国家粮食安全，都与乡村全面振兴工作紧密相关。只有扎实推进乡村全面振兴，相关问题才能迎刃而解。

（一）解决好"三农"问题是全党工作的重中之重

农业农村农民问题是关系国计民生的根本性问题，解决好"三农"问题是全党工作的重中之重。党的十九大报告指出："中国共产党人的初心和使命，就是为中国人民谋幸福，为中华民族谋复兴。"中国共产党以马克思主义为指导思想，是中国工人阶级的先锋队，同时是中国人民和中华民族的先锋队，代表中国最广大人民的根本利益，以为中国人民谋幸福、为中华民族谋复兴为初心使命。为中国人民谋幸福，就包括让数量庞大的农村群众过上幸福生活。

我国是个农业大国，农村人口占比高，数量大。目前我国农村人口占比仍然在40%以上，农村人口绝对数量也有5亿多，是个非常庞大的群体。农民群体勤勤恳恳、任劳任怨，日日夜夜奋斗在农业生产第一线，为国家社会生产发展作出了重要贡献。然而，在现代化进程中，由于农民整体文化水平偏低、利用各种现代知识、技术的能力与水平比较低，生产效率不高，竞争力较弱，农民群体整体收入偏低，生活水平不高，属于社

关键词九　乡村全面振兴

会弱势群体。践行党的初心和使命,必须重点关注农民这一弱势群体,补齐农业农村这一短板。因而,在全面推进社会主义现代化进程中,必须重点关注农民群体,解决好"三农"问题。

(二)巩固拓展脱贫攻坚成果,扎实推进共同富裕

2013年11月3日,习近平总书记在湖南湘西十八洞村调研时首次提出"精准扶贫"理念。经过全党和全国人民多年的努力,到2020年底脱贫攻坚任务圆满完成,实现了农村贫困人口全部脱贫的目标,实现了全面建成小康社会的第一个百年奋斗目标。然而,对广大农村而言,脱贫仅是第一步,打赢脱贫攻坚战,主要是解决了农村绝对贫困问题。脱贫只是起点,不

◆◆　宁夏彭阳大力发展菌草产业,助力乡村振兴　(彭阳县委党史和地方志研究室/供图)

是终点。巩固拓展脱贫攻坚成果，逐渐缩小相对贫困差距，实现共同富裕才是我们的最终目标。实现共同富裕，是共产主义社会的内在要求。作为世界上最大的社会主义国家，实现全体人民共同富裕是我们矢志不渝的目标追求。而作为一个拥有5亿多农村人口的农业大国，要实现共同富裕，最大的难点在农村。只有农村农民富起来，离实现共同富裕的目标才会越来越近。新时代，我们必须推进乡村全面振兴，实现农村美农民富，不断推进全体人民奔向共同富裕。

（三）实现第二个百年奋斗目标的必然要求

在中国共产党成立100周年之际，我们党领导人民圆满实现了第一个百年奋斗目标，在中华大地上全面建成了小康社会。实现第二个百年奋斗目标成为当前的主要任务，即在新中国成立一百周年时将我国建成社会主义现代化强国。将我国建成社会主义现代化强国，短板在农村，弱点也在农村，最困难最艰巨的任务还是在农村。党的二十大报告指出："全面建设社会主义现代化国家，最艰巨最繁重的任务仍然在农村。"从社会进化的客观现象看，基层在同时期往往处于社会弱势地位，但也是社会不断发展进步的根基。在现代化建设过程中，农业农村农民依然在最基层，也是现代化建设的弱点和短板，但其根基地位并未被动摇。不解决好"三农"问题，没有农业农村农民的现代化，社会主义现代化强国就无法实现。社会主义现代化强国，是全面的现代化，只有工业现代化、城市现代化，没有农业农村农民的现代化是不行的，是不符合社会主义国家要求的。因而，要在本世纪中叶把我国建成社会主义现代化强国，就必须不折不扣地实现农业农村农民的现代化，解决好"三农"问题。

（四）维护国家粮食安全的现实需要

粮食是人民群众最基本的生活资料，也是关系国计民生和国家经济安全的重要战略物资。粮食安全是国家安全的重要基础，粮食安全是关乎国家安全的大战略。中国特色社会主义进入新时代，我国发展越快，面临的挑战和困难也越多，维护国家安全和粮食安全更显重要且紧迫。当今世界正处于百年未有之大变局，到处潜伏着各种可预测和不可预测的风险挑战。对于拥有14亿多人口的中国来说，维护粮食安全更显意义重大。"民以食为天"，粮食有保障，人民才心安，社会才能稳定有序。而要维护粮食安全，首要的就是保障粮食生产，既要保障粮食生产数量，又要保障粮食生产质量。而要保障好粮食生产，就必须解决好"三农"问题。农村是生产粮食的主阵地，农民是生产粮食的主体。推进乡村全面振兴，加快农村现代化，提高粮食生产效率和质量，不断增加农民收入，粮食生产才有保障，中国人的饭碗才能牢牢端在自己的手中。保障国家粮食安全，必须把重点放在农村，扛牢乡村全面振兴的重大责任。

> **知识点链接　"千村示范、万村整治"工程**
>
> 　　2003年6月,浙江省委启动实施"千村示范、万村整治"工程（简称"千万工程"）,这是时任浙江省委书记习近平同志亲自谋划、亲自部署、亲自推动的一项重大决策。农村人居环境深刻重塑,城乡融合发展深入推进,乡村产业蓬勃发展,乡村治理效能不断提升,农民精神面貌持续改善,在国内外产生广泛影响。20年来,浙江省坚持"一张蓝图绘到底",持续深化"千万工程",整治范围不断延伸,从最初的1万个左右村,推广到全省所有村；内涵不断丰富,从"千村示范、万村整治"引领进步,推动乡村更加整洁有序,到"千村精品、万村美丽"深化提升,推动乡村更加美丽宜居,再到"千村未来、万村共富"迭代升级,强化数字赋能,逐步形成"千村向未来、万村奔共富、城乡促融合、全域创和美"的生动局面。"千万工程"是城乡关系、人与自然关系的深刻调整,是乡村生产方式、生活方式、治理方式的重大变革。针对乡村振兴应该怎么干、干什么等一系列问题,启示我们,抓乡村振兴最重要的是凝聚人心。2018年9月,"千万工程"被联合国环境规划署授予最高环保荣誉——"地球卫士奖"。2019年3月,中共中央办公厅、国务院办公厅转发文件,要求各地区各部门结合实际,认真借鉴"千万工程"治理经验。

二、乡村全面振兴的美好蓝图

　　中国共产党历来对"三农"问题高度重视,如何更好更快

关键词九　乡村全面振兴

推进农村发展，是我们党一直重点关注的问题。从新农村建设到乡村振兴，再到乡村全面振兴，彰显了我们党在农村建设问题上的认识与实践更加深入。从乡村振兴到乡村全面振兴，虽只有两字之差，但其意蕴却大不相同，乡村全面振兴目标更为明确具体。乡村振兴突出的是整体目标，即乡村要振兴；而乡村全面振兴突出整体目标与各方面发展相统一，既重视整体效益，也重视局部效益。乡村全面振兴究竟要达到什么样子？总体而言，至少要实现农业强、农村美、农民富三大目标，以及乡村产业、人才、文化、生态、组织等全面振兴。

（一）农业强：农业强国显成效

坚持农业农村优先发展，加快建设农业强国，是当前党中央和国务院制定的一项重要政策。农业是第一产业，是国民经济的基础，是最基本的物质生产。吃穿住行是人类最基本的生存需要。古人云："民以食为天。"人要活着就必须得有充足的食物，而农业生产是满足人们"吃饱"的根本手段。没有农业生产，粮食就没有稳定来源，人类赖以生存的食物就没有保障，生存就会受到威胁。同时，农业生产还影响着工业的发展，农业为工业生产提供大量原材料，没有农业生产做保障，工业也难以维持，必将影响整个国民经济的发展和稳定。如果没有农业生产提供的粮食，不仅人民的生活无法保障，工业也难以为继，整个国民经济体系都会受到影响，国家也会失去自立的基础。发展好农业生产，人民生活才能幸福，社会才能稳定，国家才能自立自强。建设社会主义现代化强国，维护粮食安全，都要以发展农业为基础和前提，农业不强国难强。粮食安全有保障，人民心中就有底气，就没有攻克不了的难关。近年来，我国农业强国建设成效显著。实现农业强的目标是乡村全面振兴的重要体现。

（二）农村美：农村生态得保护

人与自然和谐共生，是中国式现代化的内在要求，也是乡村全面振兴的基本要求。习近平总书记指出："实施乡村振兴战略，一个重要任务就是推行绿色发展方式和生活方式，让生态美起来、环境靓起来，再现山清水秀、天蓝地绿、村美人和的美丽画卷。"乡村全面振兴，不仅仅要发展好乡村产业，更要通过新技术推动乡村产业绿色发展，而不是通过大量使用农药等可能危害其他动植物生存的方式来大力发展农业。乡村全面振兴，重在一个"和"字，人与自然和谐发展、和谐共生，不但要推进绿色发展，还要维护生态系统的平衡；不但要有绿色之美，还要有比较完整的自然生态系统之美，保留农村自然本色之美。

（三）农民富：农民收入有保障

发展的最终目的是人、人民。乡村全面振兴最终目的是农民生活富裕，过上美好幸福的生活。促进农民增收、逐渐实现农民的共同富裕是乡村全面振兴最直接的目标追求。乡村振兴大业是否成功,关键要看农民收入是否持续稳定增加。农民收入能够比较稳定地长期持续增长,逐渐缩小农村与城市的收入差距,甚至大部分农民收入能达到全社会中等收入水平线及以上,那么乡村全面振兴工作才算基本达标。

(四)乡村产业、人才、文化、生态、组织全面振兴

乡村全面振兴,具体来看,重点又体现在产业振兴、人才振兴、文化振兴、生态振兴、组织振兴5个方面。乡村全面振兴,第一,乡村产业要振兴。产业振兴是实现农民增收的主要抓手。收入来源于产业,产业兴旺才能带来源源不断的收入。没有乡村产业的发展,农民增收就成为空谈。农民增收也不可能长期依靠外部输血来实现,农民收入的增长最终得靠自己,靠发展乡村产业。第二,乡村人才要振兴。乡村全面振兴要靠新技术,特别是现代先进技术,而不是简单地继承传统的农业技术。运用好现代先进技术服务乡村建设,得需要有现代化人才支撑。第三,乡村文化要振兴。越是物质富足,人们的精神文化需求越是强烈。而且,随着人们文化素质提高,人们对文化作品质量的要求越来越高,所以乡村振兴,文化也要振兴。第四,乡村生态要振兴。良好生态对乡村的重要性不言而喻。大部分美丽乡村都是以生态优美著称。如今,生态旅游成为现代乡村的一项重要产业,乡村以其良好的生态吸引着大量城里人前来旅游度假，生态美才能实现乡村美。第五，乡村组织要振兴。乡村全面振兴是一项系统工程，需要系统规划和有力领导，只有推动乡村基层党组织振兴，才能更好地引领乡村振兴大业朝着正确的方向健康发展。总体而言，乡村全面振兴，就是乡村的各要素都朝着高标准高要求方向发展，无论是产业、人才、文化、生态、组织，还是其他相关方面，都达到最佳状态。

三、推进乡村全面振兴的实践要求

党的二十届三中全会为扎实推进乡村全面振兴作出了重要战略部署，其中特别强调要深入推进城乡融合发展，不断推进新型城镇化、新型工业化，城乡融合发展是新时代推进乡村全面振兴的重要举措。除此之外，加快乡村人才培养、繁荣发展乡村文化、进一步优化乡村生态、依靠先进技术不断提高农产品质量、创新基层治理方式等，都是推进乡村全面振兴的必要举措。

（一）深化城乡体制机制改革，推进城乡融合发展

乡村和城镇是相辅相成的两个主体，城镇的发展离不开乡村，乡村的发展同样离不开城镇。新形势下，推进乡村全面振兴，必须不断深化城乡体制机制改革，推动城乡融合发展。

其一，要大力推进新型城镇化，不断健全新型城镇化体制

机制，构建产业升级、人口集聚、城镇发展良性互动机制。新型城镇化就是要充分体现现代乡村发展的需要，把城镇化发展与乡村全面振兴有机结合起来，实现城乡融合发展。重视农业，将农村发展纳入城镇发展规划。尊重农民，特别是要通过建立制度机制，保障进城落户农民合法土地权益，依法维护进城落户农民的土地承包权、宅基地使用权、集体收益分配权，加快农业转移人口市民化，完善农业转移人口社会保险、住房保障、教育保障等。

其二，要完善农村基本经营制度。一是要保稳定性，严格落实第二轮土地承包到期后再延长三十年的要求。二是要完善农业经营体系，盘活农村土地资源。在现代化进程中，农村的经营方式也可以多样化，充分利用各种经营形式提高经营效率，提高资源利用率，增加农民收入。盘活农村土地资源，实现多

知识点链接　城乡融合发展

城乡融合发展是指以城乡生产要素双向自由流动和公共资源合理配置为重点，以工补农、以城带乡，统筹推进城乡基本公共服务普惠共享、城乡基础设施一体发展、城乡产业协同发展、农民收入持续增长，形成工农互促、城乡互补、协调发展、共同繁荣的新型工农城乡关系，加快农业农村现代化和乡村全面振兴。

样化经营，不但可以促进农民增收，还能避免土地资源闲置或浪费。

（二）走质量兴农之路，提高农产品质量

现代社会，质量是取胜的关键。当不少农民抱怨粮食销售价格低时，笔者却被一斤卖出五六百块钱的大米惊呆了。在一次座谈交流中，有位来自湖南安仁的同志说："大家比较熟悉的安仁大米，是普通的大米，实际上安仁大米也分很多种类，价格差别也非常大，便宜的有几块钱一斤的，贵的有五六块一斤的。当然了，几百块一斤的大米品质大不一样，生产过程更加精细，品质更高，最重要的是，经过细致的育种和培育生产，这种大米不仅能填饱肚子，还有降血糖等功能，能给人体带来许多好处。虽然价格高，但很好卖。只是由于生产过程要求高，技术含量高，目前只能小范围生产，产量非常有限。"从大家日用而不觉的几块钱一斤的大米，到几百块一斤的大米，打破了农业不赚钱的传统观念，阐释了质量兴农的道理。农产品并不是不赚钱，粮食也并非卖不出价，关键在于产品质量和品质。所谓一分钱一分货，产品的价格也是依据产品质量来定的，质量越高，价值越大，价格相应也就更高。高质量的农产品一样可以卖出好价钱。

党的二十届三中全会强调要大力促进农民增收。实现农民增收，单就农产品这方面看，主要有两大途径：一是增量，即

关键词九　乡村全面振兴

扩大粮食种植面积，提高农产品数量；二是提质，即提高农产品的质量，以高质量农产品换取高价钱，提高农民收入，走质量兴农之路。同时，促进农民增收，还要降低成本，充分运用先进技术提高生产效率。现代技术在农业中的广泛应用，使农业发展形式有了很多新变化，从过去依赖扩大土地面积发展农业逐渐转向依靠技术提高效率发展农业。如广东有人把养猪的场所建到了18层，从过去依靠占用大量土地横向扩大养猪规模，到现在通过纵向建设扩大养猪规模，大大节约了土地资源，降低了对土地资源的过度依赖，提高了生产效率，也节约了土地。

（三）人与自然和谐共生，实现绿色发展

乡村全面振兴的一个重要要求就是生态宜居。如果以破坏生态环境为代价来发展经济，那就不是振兴，而是搞破坏，得不偿失。乡村振兴的直接目的是让村民生活得更好，而人的生存与自然环境息息相关，只有人与自然环境和谐共生，人们才能获得更高的幸福感。破坏生态，给人民群众带来的只有痛苦和无奈。曾经有"小香港"之称的郴州临武三十六湾矿区，最繁华的时候矿区集聚了10万余人，矿区创造了很大的经济价值，村民上山随便捡几块矿石都能卖不少钱。然而，由于过度开采，环境破坏严重，尤其是河水矿物污染严重，附近村民及河流沿岸居民生产生活受影响严重。矿区乱开乱采，在养活了10余万人和成就了许多百万富翁、千万富翁、亿万富翁的同时，却破

◆◆ 2017年9月11日,植被复绿后郴州临武三十六湾的景观 (湖南图片库/供图)

坏了生态环境,给成百上千万民众生活造成了困扰。沿江人民群众深受矿区污染水的危害,苦不堪言。各级政府高度重视矿区环境治理,经过多年的努力,终于让原本百孔千疮的矿区全面恢复了绿色植被,水污染也得到了彻底治理,如今的三十六湾又呈现出一片绿油油的美景,沿江人民群众又喝上了干净安全的水。虽然三十六湾矿区早期开采对当地经济的发展作出了不小贡献,也曾一度成为当地民众增加收入的重要途径。但当生态环境被破坏后,其危害也逐渐凸显,反而不利于附近人民群众生活质量的提高,甚至还威胁到沿江流域群众的生产生活。

总之，以破坏生态为代价的发展弊大于利，不利于长远发展。推进乡村全面振兴，是一项久久为功的大事业，绝不能只图一时的繁华，必须从长远考虑，绝不能破坏自然，而应更好地保护自然，因地制宜发展绿色经济，促进人与自然和谐相处，实现绿色发展。

（四）传承发展农耕文明，繁荣乡村文化

繁荣乡村文化，丰富农民群众的精神生活，是推进乡村全面振兴的内在要求。随着乡村振兴全面推进，村民对精神生活、文化生活的追求也会进一步提高。繁荣发展乡村文化，首先要传承发展好农村优秀传统文化，特别是农耕文明。我国农村发展历史悠久，在漫长的发展过程中，广大农村形成了独具特色的农耕文明。农耕文明不仅见证了农业耕种发展历史，更是村民情感价值的集中体现。农民一辈子扎根农村，以种地为生，农耕技术代代相传，祖祖辈辈一直传承了下来。农耕技术及农耕方式都是世世代代的智慧结晶，倾注了整个家族甚至是全体农民的心血。很多农村围绕农耕农活形成了独具特色的文化现象，如在农耕特殊日子或是在大丰收时举办一些庆祝活动，并在长期的演化过程中形成为具有当地特色的文化现象。新时代推进乡村全面振兴，不是要把现代城市的东西搬到农村去，而是要在传承和发展农村自身优势和特色的基础上，辅之以现代技术，让农村发展得更快更好。农村的根和本不能丢，农耕技

◆◆ 2017年1月15日，湖南花垣县双龙镇十八洞村村民身着节日盛装载歌载舞庆祝"苗年" （湖南图片库/供图）

术可以现代化，农耕文明不能丢。当然，传承农耕文明，也不是一成不变的，而是要结合时代发展及新时期农耕技术的发展，不断推动农耕文明创造性转化和创新性发展。在保留农耕文明最本质东西的同时，为其增添更丰富的文化色彩，满足现代农民对现代文化的需求。

（五）扩宽人才培养渠道，增强农村发展内生动力

推进乡村全面振兴，当前面临的一大难题就是人才紧缺，既缺技术人才，也缺青壮年劳动力。大部分发展比较落后的乡村，劳动力外流现象都比较严重。推进乡村全面振兴，必须解决好乡村建设人才问题。乡村全面振兴必须促进乡村人才良性循环，而不能让广大乡村成为城市单方面的人才和劳动力输出地。

促进乡村人才良性循环，一方面，要大力实施就业优先政策，加大高校毕业生、农民工、退役军人等重点群体就业支持力度，完善城乡就业政策体系，重点优化乡村创业促进就业政策环境，支持和规范发展乡村新就业形态。盘活城乡劳动力市场，完善城乡人才流动利益协同机制，推动城乡人才双向流动，既乡村人才可自由到城市谋求发展，城市人才也乐意到乡村寻找创业机会，特别是要建立乡村人才回乡创业发展机制及城市人才到乡村创业发展机制，使得乡村成为大量有志青年大显身手实现价值的平台。另一方面，要不断拓宽乡村人才培养渠道，大力培养乡村本土人才。推进乡村全面振兴，归根结底还得靠乡村自己。外部输血只是特殊时期、关键时期的一种帮扶手段，乡村要长期持续健康发展，必须依靠内生动力。唯有源源不断的内生动力，乡村才能始终保持生机活力。增强乡村振兴的内生动力，就必须要扩宽乡村人才培养渠道，将大量农村人变成乡村振兴人才，主要依靠乡村本土人才攻克乡村振兴的难关，逐渐形成乡村稳定发展良好态势。

（六）创新乡村治理体系，提升治理成效

稳定是发展的前提和基础，乡村全面振兴同样需要一个井然有序的稳定社会环境。而要创造出有条不紊、运行高效的乡村发展环境，就必须搞好乡村治理工作，提升治理成效。习近平总书记指出："乡村全面振兴离不开和谐稳定的社会环境。要加强和创新乡村治理，建立健全党委领导、政府负责、社会协同、公众参与、法治保障的现代乡村治理体制，健全自治、法治、德治相结合的乡村治理体系。"历史上，乡村治理以家族形式为主。农村不同于城市，常住村民来源比较单一，一般都是土生土长的家族成员，很少有多个地方的人居住在一个村落的现象。同一村落的人大部分存在着血缘关系，同姓同族的人居多。在很长一段时间，家族管理成为乡村治理的主要形式。但现代社会是法治社会，尤其是推进乡村全面振兴的大背景下，乡村法治建设是一项重要工作。并且随着经济社会的发展及乡村的现代化，乡村人口流动也更加频繁，如今很多乡村都成了杂居乡村，打破了过去一个村落一个家族的局面，以家族管理代替乡村治理在当代已行不通，也不符合法治社会的要求。在我国，农村采取的是村民自治的方式，但推进乡村全面振兴，单靠村民自治显然是不够的，必须健全自治、法治、德治相结合的乡村治理体系。

乡村治理，政府不能缺位。一方面，要加快推进乡村法治建设，让村民成为学法、懂法、用法的人，能够自觉遵守法律，按照宪法规定规范行使公民权利，履行公民义务。推动村民自治

关键词九 乡村全面振兴

的法治化和规范化，严格禁止贿选、违规拉票选举等不法行为，杜绝村霸等黑恶势力干扰村民自治工作。另一方面，要做好管理服务工作。农村最主要的生产资源是土地，经营管理好土地资源对乡村振兴和农民增收起着至关重要的作用。新时代必须推动农村土地制度改革，特别是要进一步改革完善耕地占补平衡制度，加强管理，确保达到平衡标准。盘活农村闲置土地。

此外，还要加快农村养老机制改革。随着农村的发展，农村养老已成为一个重要问题，居家养老已很难满足现代农村的养老需求。要健全农村基本养老、基本医疗保险筹资和待遇合理调整机制，逐步提高基础养老金。优化基本养老服务供给，引导多方力量，采取多种形式，加快补齐农村养老服务短板。

关键词十
健全新型举国体制

"积力之所举,则无不胜也。"举国体制,就是发挥国家的统筹力、动员力,集中全国、全社会之人力、财力、物力和各种社会资源,为实现国家战略目标而采取的工作体系和运行机制。新中国成立后,为了尽快在一穷二白的基础上推进工业化建设,摆脱贫穷落后的面貌,党领导全国人民集中各种资源,以举国体制推进"156项工程"建设项目,开展"两弹一星""人工合成牛胰岛素""青蒿素提取"等科研项目,为维护国家安全和促进国家发展奠定了重要基石。中国特色社会主义进入新时代,世情国情呈现出许多新变化。从国际环境来看,世界百年未有之大变局加速演进,美国等西方国家频频对我国科技创

关键词十　健全新型举国体制

新和产业发展进行打压，实施"筑墙""脱钩""断供"战术，编织科技铁幕，倒逼我们集中力量、协同攻关，打赢关键核心技术攻坚战；从国内发展来看，我国已进入新发展阶段，经济发展由高速增长阶段转向高质量发展阶段，亟须进一步提升创新能力，以驱动高质量发展。为适应新时代发展特征，传统举国体制必须与时俱进，构建支持全面创新体制机制的新型举国体制，着力提升国家创新体系整体效能，加快实现高水平科技自立自强，为中国式现代化提供坚实的基础性、战略性支撑。

一、新型举国体制的独特优势

近年来，"神舟"飞天、"嫦娥"奔月、"天眼"巡空、"天和"驻空、"天问"探火、"奋斗者"号探海、"墨子"传信、"北斗"组网、高铁奔驰、国产大型客机 C919 首飞等举世瞩目成就的取得，都得益于新型举国体制的构建，这些成就彰显了新型举国体制的政治优势、制度优势、竞争优势、协同优势。

（一）党的集中统一领导的政治优势

"壹引其纲，万目皆张。"中国共产党是中国特色社会主义事业的领导核心，党的集中统一领导是确保中国特色社会主义事业蓬勃发展的"定海神针"。正是有了党的集中统一领导，我国才能在长期的历史实践中形成集中力量办大事的优势，在

新时代改革关键词

◆◆ "中国天眼"——500米口径球面射电望远镜（FAST）（汉华易美/供图）

几十年时间内完成了西方发达国家几百年走完的路。习近平总书记指出:"正是因为始终在党的领导下,集中力量办大事,国家统一有效组织各项事业、开展各项工作,才能成功应对一系列重大风险挑战、克服无数艰难险阻,始终沿着正确方向稳步前进。"

具体而言,新型举国体制坚持党的集中统一领导的政治优势主要体现在两个方面:一是顶层设计的优势。不谋全局者,不足谋一域。党中央从全局高度对涉及国家安全与发展的重大工程进行谋篇布局,有利于超越局部利益,克服短期利益的纷争,从而更好为国家利益、长远利益谋篇布局,可以有效规避"分散用力""重复建设"等现象发生。二是组织动员的优势。中国共产党具有强大的政治领导力、思想引领力、群众组织力、社会号召力。党的集中统一领导有利于组织各种资源、动员各方力量,调动一切积极因素为国家战略服务。

2024年7月,湖南省岳阳市华容县、平江县、汨罗市等多地遭遇历史最强洪涝灾害,特别是华容县团洲垸洞庭湖一线堤防发生决口,汛情十分危急。习近平总书记高度重视并作出重要指示,要求全力开展抢险救援工作,国家防总派出工作组加强指导。指示发出后,应急管理部有关负责人连夜率工作组赶赴现场,指导地方开展抢险救援处置工作,调派国家综合性消防救援队伍800余人、146辆车、82艘舟艇紧急增援,并在前期已向湖南调拨 5.6 万件中央救灾物资基础上，紧急增调 5000个家庭应急包，支持当地做好受灾群众紧急转移安置工作，最大限度降低了灾害损失，充分彰显了新型举国体制无可比拟的组织动员优势。

（二）集中力量办大事的制度优势

"众力并，则万钧不足举也。"中国之所以能办成这么多大事，从根本上说是因为中国特色社会主义制度具有集中力量办大事的显著优势。习近平总书记指出："我们最大的优势是我国社会主义制度能够集中力量办大事。这是我们成就事业的重要法宝。"新型举国体制是社会主义集中力量办大事的重要体现，今天推进科技创新依然要依靠这一法宝。

新型举国体制作为依托中国特色社会主义制度的治理体制创新，是面向国家重大战略需求，集结和协调国家战略科技力量、社会资源共同攻克重大科技难题的组织模式和运行机制，是民主集中制的时代彰显和集中力量办大事的深刻体现。

新型举国体制这一集中力量办大事的制度优势具体体现在两个方面：一是作为中国特色社会主义制度的重要组成部分，新型举国体制具有明显的连续性和强大的稳定性，能够确保一件大事一代接着一代干。二是新型举国体制是一项反映民意、集中民智、汇聚民力的好制度，能够最大限度调动人民群众的积极性和主动性，汇聚强大的发展合力。

（三）资源配置效益最大化和效率最优化的竞争优势

党的十八届三中全会通过的《中共中央关于全面深化改革若干重大问题的决定》指出，经济体制改革的核心问题是处理好政府和市场的关系，使市场在资源配置中起决定性作用和更好发挥政府作用。这是党对中国特色社会主义建设规律认识的新突破，标志着社会主义市场经济发展进入了一个新阶段。党的二十届三中全会进一步强调，要"聚焦构建高水平社会主义市场经济体制，充分发挥市场在资源配置中的决定性作用，更好发挥政府作用"。

新型举国体制是在社会主义市场经济条件下进行资源配置，这种资源配置方式既坚持市场优先原则，让市场在资源配置中起决定性作用，遵循了市场经济的一般规律，在科技创新领域"发挥市场对技术研发方向、路线选择、要素价格、各类创新要素配置的导向作用"，有利于推动资源配置依据市场规则、市场价格、市场竞争实现效益最大化和效率最优化；又强调"有形之手"的宏观调控，引导各类资源向国家科技重大专项集中，在宏观层面最大限度发挥政府职责，减少资源错配、滥配、重复投入等问题，弥补市场失灵。"有形之手"与"无形之手"的结合，既实现"放得活"又做到"管得住"，有效激发了全社会内生动力和创新活力，赋予新型举国体制较大的竞争优势。

（四）统筹多方参与主体的协同优势

"众智之所为，则无不成也。"党的十八大以来，习近平总书记多次强调，"要围绕使企业成为创新主体、加快推进产学研深度融合来谋划和推进"。党的二十届三中全会再次指出，要"强化企业科技创新主体地位，建立培育壮大科技领军企业机制，加强企业主导的产学研深度融合，建立企业研发准备金制度，支持企业主动牵头或参与国家科技攻关任务"。

新型举国体制提倡"政产学研用金"相结合，集聚各参与主体智慧，形成协同创新体系。"政产学研用金"六位一体的协同创新模式，是指政府、企业、高校、科研机构、用户和金融机构在新型举国体制中协同发挥作用，形成集组织、生产、学习、科研、实践和金融支持于一体的多元参与模式。在这一模式下，各参与主体根据自身功能定位，形成自主创新的强大合力，共同构建功能互补、深度融合、良性互动、完备高效的协同创新格局。

盾构机是我国完善轨道交通基础设施建设的利器，但长期以来，盾构机的"心脏"主轴承却长期依赖进口。为了避免"心脏"被别人长期攥在手里的被动情形，中国科学院决定为国产大型盾构机装上"中国心"。经过中国科学院多个科研团队联合20多家单位长期的协同攻关，我国首台套盾构机用超大直径主轴承研制成功，打通了盾构机自主可控制造的"最后一公里"。

关键词十　健全新型举国体制

这一成功，为我们解决了又一"卡脖子"难题，是新型举国体制在关键核心技术攻关上发挥协同优势的生动体现。

> **知识点链接　新型举国体制**
>
> "新型举国体制"这一概念最早出现在2011年7月13日科技部制定的《国家"十二五"科学和技术发展规划》中："加快建立和完善社会主义市场经济条件下政产学研用相结合的新型举国体制"。党的十八大后，以习近平同志为核心的党中央站在"两个大局"的政治高度，多次强调要发挥新型举国体制，赋予其更加丰富的内涵。主要可概括为以下几个方面：其一，新型举国体制以适应社会主义市场经济为重要前提。2019年11月，党的十九届四中全会通过的《中共中央关于坚持和完善中国特色社会主义制度、推进国家治理体系和治理能力现代化若干重大问题的决定》提出，构建社会主义市场经济条件下关键核心技术攻关新型举国体制。其二，新型举国体制以科学统筹、集中力量、优化机制、协同攻关为基本方针。2022年9月，中央全面深化改革委员会第二十七次会议强调要把政府、市场、社会有机结合起来，"科学统筹、集中力量、优化机制、协同攻关"。其三，新型举国体制以关键核心技术攻关为主要抓手。2022年10月，党的二十大报告指出，要"集聚力量进行原创性引领性科技攻关，坚决打赢关键核心技术攻坚战"。其四，新型举国体制以提升国家创新体系整体效能为目标。创新是引领发展的第一动力，是建设现代化经济体系的战略支撑。2024年7月，党的二十届三中全会明确提出，健全新型举国体制，着眼点在于提升国家创新体系整体效能。

二、新型举国体制的鲜明特征

新型举国体制是相较于传统举国体制而言的，它不仅继承了传统举国体制诸如"坚持党的集中统一领导""全国一盘棋""集中力量办大事"等基本原则，而且立足新的时代背景、目标愿景、问题导向等，对传统举国体制进行了相应的创新发展，在运行机制、价值追求、发展理念、推进方式等方面呈现出新的时代特征。

（一）运行机制上注重政府、市场、社会有机结合

传统举国体制是计划经济下的产物，其运行机制主要是在单一的公有制下，基于达到某种目标，单纯依靠国家政治力量以行政命令的形式发起并推进的。随着社会主义市场经济体制的建立和不断完善，市场和社会在举国体制中发挥的作用不断凸显。2021年5月，习近平总书记在两院院士大会、中国科协第十次全国代表大会上的重要讲话中指出："要健全社会主义市场经济条件下新型举国体制，充分发挥国家作为重大科技创新组织者的作用……把政府、市场、社会等各方面力量拧成一股绳，形成未来的整体优势。"政府、市场、社会扮演着不同的角色，具有不同的优势，构建三方有机结合的体制机制，才能使各方力量合理有效、科学完备地协同发挥作用，破解科技

创新难题。

长期以来，以美国为首的西方发达国家对后发的中国发起了一系列科技封锁，其间，许多中国企业受到强力打压和攻击，中国人才受到不公对待。以华为为例，从2012年起，华为成为美国试图遏制中国发展的突破口。2020年，美国向华为"全面宣战"，给华为造成重创，为此，华为只能"断臂求生"，出售旗下"荣耀"品牌。但在国家支持、社会声援、企业自救下，华为不仅"活"了下来，而且实现了软件和硬件上的国产替换，以更蓬勃发展的姿态走向世界。正如英国《经济学人》杂志所言，"美国刺杀华为的企图适得其反"，生动地表达了在中国新型举国体制下，政府力量、市场力量、社会力量的有机互动，正凝聚成为化解任何难题的利刃，成为科技创新的强劲动力。

（二）价值追求上强调政治目标、经济价值、社会效益统筹兼顾

传统举国体制目标相对单一，注重实现国家稳定、政治安全等目标，较少考虑经济价值和社会效益。如新中国成立之初传统举国体制主要运用于国家安全领域的重大项目（研制"两弹一星"、"三线建设"等）推进。历史和实践证明，传统举国体制容易出现高投入、低产出的现象。

与之形成对比的是，新型举国体制既注重具体目标的实现，也考虑经济价值、社会效益的释放；既着眼于工程项目的技术

新时代改革关键词

前景，也落脚于其实际应用价值；既强调技术链的延长，也注重产业链、价值链、服务链的衔接；既有关乎国家总体安全、国家长远发展的考量，又紧密结合经济社会发展的重大需求，遵循市场规律，回应人民对于美好生活的期望。比如在新型举国体制下，我国高铁发展进入快车道，形成了具有自主知识产权的世界先进高铁技术体系，成功建设了世界上规模最大、现代化水平最高的高速铁路网，树立了世界高铁商业化运营标杆。在政治目标方面，我国高铁的成功实践，丰富完善了高铁技术

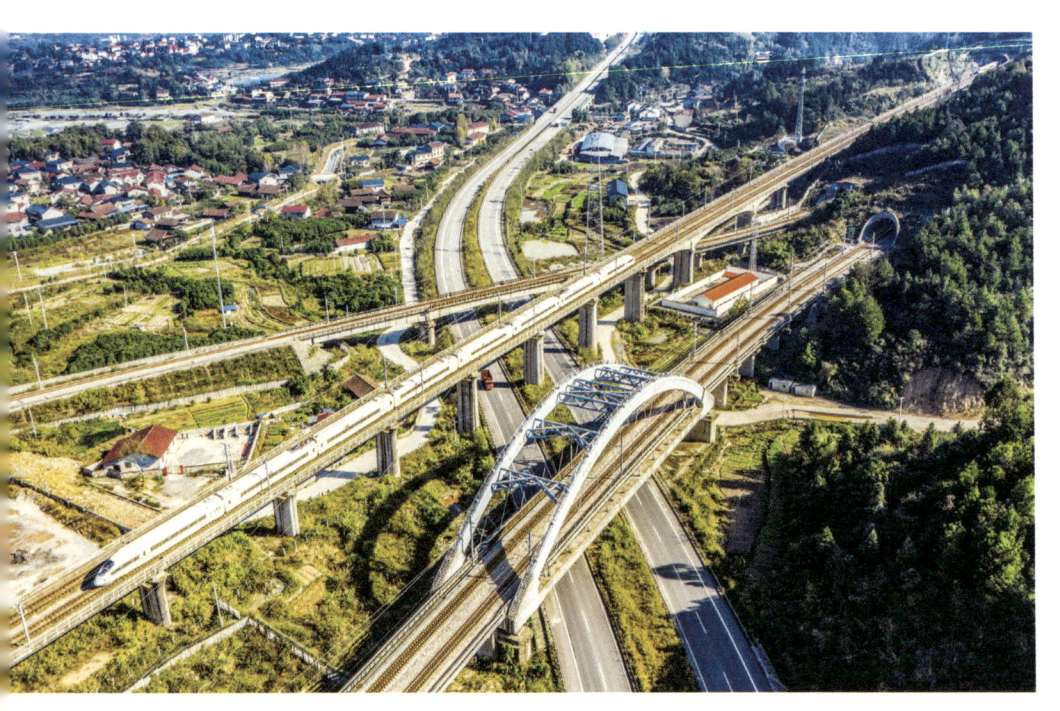

◆◆ 2021年11月14日，沪昆高铁、怀邵衡铁路与怀化绕城高速在怀化城东交会，成为一道壮观的风景 （湖南图片库/供图）

关键词十　健全新型举国体制

体系和国际标准,成为闪耀世界的一张亮丽"名片",在世界范围内产生了积极影响;在经济价值方面,"八纵八横"高铁网越织越密,有力促进了区域经济协调发展,为构建新发展格局、实现经济持续健康发展注入了新动能;在社会效益方面,极大地便利了人民群众的出行,提升了人民群众的幸福感。可见,新型举国体制把政治目标、经济价值、社会效益统一起来,比传统举国体制更有价值意义体系。

(三)发展理念上坚持自主创新、开放合作辩证统一

新中国成立之初,我国面对的是一个相对封闭的外部环境,特别是中苏关系破裂后,我们在重大工程项目推进上不得不"关起门来搞建设",自力更生。因而这一时期形成的传统举国体制不可避免具有单打独斗的色彩。改革开放后,我国作出对外开放的重大战略决策,于2001年加入了世界贸易组织,进一步融入全球化进程,外部环境发生了重大变化。进入新时代后,提出进一步扩大高水平对外开放,使得新型举国体制可以在充分融入经济全球化的过程中利用国内国际两个市场、两种资源,以打破资源、技术、人才等要素的瓶颈和制约,呈现出与传统举国体制不同的开放发展特征。

新型举国体制主张自立自强。近年来,"中兴禁令""华为断芯"等事件使国人更加清醒地认识到,关键核心技术要不来、买不来、讨不来,要想不被人"卡脖子",必须矢志不移自主创新，坚定创新信心，着力增强自主创新能力。

新型举国体制倡导开放合作。一是强调深度参与全球科技治理。如果我国在全球科技治理中离场、失语，必然导致在全球科技治理中规则制定能力减弱、话语权降低，这反过来又会制约我国的自主创新。二是强调积极融入全球创新网络。不拒众流，方为江海。习近平总书记强调："自主创新是开放环境下的创新，绝不能关起门来搞，而是要聚四海之气、借八方之力。"面对新一轮科技革命和产业变革，我国秉承对外开放、合作共赢理念，以全球视野谋划和推动创新，揽四方精华、纳八面来风，全方位加强国际科技创新合作，加强同各国科研人员的联合研发。

在2023年11月首届"一带一路"科技交流大会上，我国首次提出《国际科技合作倡议》，倡导并践行开放、公平、公正、非歧视的国际科技合作理念。在具体的国际大科学合作方面，我国积极参与国际热核聚变实验堆（ITER）计划、人类基因组计划（HGP）等一批标志性国际大科学计划，并牵头实施深时数字地球（DDE）、人体蛋白质组导航（π-HuB）等一系列国际大科学计划。新冠疫情发生后不久，中国科学家便成功分离出新型冠状病毒并破解其基因序列，我国选择免费向全世界所有国家分享，推动了全球医学领域科学家在研制新冠疫苗方面的交流合作。

（四）推进方式上主张统筹推进教育科技人才体制机制一体改革

新型举国体制主张以系统观念推进教育科技人才体制机制一体改革，因为教育、科技和人才是紧密相连的，科技创新要靠人才，而人才培养又要靠教育。只有推进教育科技人才体制机制一体改革，才能真正打通从人才强、科技强到产业强、国家强的通道。

党的十八大以来，我们党探索建立和健全新型举国体制，深入实施科教兴国战略、人才强国战略、创新驱动发展战略，一体推进教育发展、科技创新、人才培养。党的二十大报告首次将教育、科技、人才合为一个部分进行专章论述，并强调"我们要坚持教育优先发展、科技自立自强、人才引领驱动，加快建设教育强国、科技强国、人才强国"，这体现了党中央对这一问题的认识有了进一步深化。

2024年6月24日，习近平总书记在全国科技大会、国家科学技术奖励大会、两院院士大会上的重要讲话中指出，"教育、科技、人才内在一致、相互支撑。要增强系统观念，深化教育科技人才体制机制一体改革"。党的二十届三中全会对构建支持全面创新体制机制作出进一步部署，要求"深入实施科教兴国战略、人才强国战略、创新驱动发展战略，统筹推进教育科技人才体制机制一体改革，健全新型举国体制"。可见，不同于传统举国体制，新型举国体制内蕴系统的改革方法论。

知识点链接 教育科技人才体制机制一体改革

教育、科技、人才是中国式现代化的基础性、战略性支撑，对于国家的未来发展具有至关重要的作用。党的二十大报告首次把教育、科技、人才进行统筹安排、一体部署，提出"必须坚持科技是第一生产力、人才是第一资源、创新是第一动力，深入实施科教兴国战略、人才强国战略、创新驱动发展战略"，体现了党中央对这三者之间关系的深刻把握。党的二十届三中全会通过的《中共中央关于进一步全面深化改革、推进中国式现代化的决定》从"深化教育综合改革""深化科技体制改革""深化人才发展体制机制改革"三个方面对统筹推进教育科技人才体制机制一体改革作了详细部署，并将其作为"健全新型举国体制，提升国家创新体系整体效能"的重要抓手，表明党中央对于如何推进教育、科技、人才领域的改革有了更加科学的前瞻思考和系统谋划，对于其健全新型举国体制，提升国家创新体系整体效能以及构建支持全面创新体制机制的重要性也有了更为清晰的认识。根据这一部署，统筹推进教育科技人才体制机制一体改革，必将形成多项改革综合集成、系统联动的倍增效应，极大提升国家创新体系整体效能，为推进中国式现代化提供坚实支撑、注入不竭动能。

三、进一步优化新型举国体制

党的十八大以来，我们对传统举国体制进行了改造升级，逐步构建了更契合时代发展、更加科学、更有竞争力的新型举国体制。但这一体制并非系统完备、完美无缺，还需进一步优化完善。具体而言，就是要坚持党的领导，完善党对科技事业的领导；优化政府职能，突出宏观引导和创新服务；构筑战略力量，打造体系化的国家战略科技力量；强化保障支撑，建立绩效评价机制、正向激励机制、监督问责机制。

（一）坚持党的领导，完善党对科技事业的领导

山雄有脊，房固因梁。党的领导是新型举国体制的最本质特征和最显著优势，我国新型举国体制取得的一切成绩都源于党的集中统一领导。优化新型举国体制要牢牢抓住党的集中统一领导这个核心关键，以目标愿景为指引加强党对科技事业的顶层设计，实现对国家战略重点的准确把握、资源要素的科学统筹、目标规划的合理制定。

一是要明确新型举国体制的重点指向。新型举国体制应重点应用于关键核心技术攻关、"卡脖子"技术难题破解、高新技术突破、重大突发公共卫生应急治理等方面，而不是那些适宜分散式资源配置的项目，或者那些非重点领域。

二是要统筹好短期目标、中期规划和长期规划。加强科技创新规划布局的系统性、科学性和战略性，分阶段有步骤地实现既定目标。在短期目标上，组织科研力量对"卡脖子"技术进行集中攻关；在中期规划上，洞察科技革命发展趋势，有预见性地在人工智能、量子技术等前沿科技领域提前布局，并根

据实际情况动态调整规划，牢牢掌握发展主动权；在长期规划上，打造一批原创性、引领性、颠覆性科技成果，引领新一轮科技革命，建成世界科技强国。

三是要有效防止市场失灵。各级党委和政府要把科技创新摆上议事日程，做好重大科技任务布局规划，发挥好宏观指导、统筹协调、服务保障作用，在集中资源的同时避免资源浪费，在促进产业繁荣的同时防止产业过热。

（二）优化政府职能，突出宏观引导和创新服务

传统举国体制下，政府在科技管理中采取的是大包大揽的模式，同时扮演了生产者、组织者和监管者的多重角色。这极大地分散了政府的精力，弱化了政府的宏观引领职能、创新服务职能、前瞻部署职能。随着社会主义市场经济体制的发展和完善，政府和市场的关系愈加明晰，那么在此背景下，政府职能在新型举国体制中会发生何种转变呢？

一是从过去的组织生产向宏观引导转向。2016年5月，习近平总书记在全国科技创新大会、两院院士大会、中国科协第九次全国代表大会上指出，"政府科技管理部门要抓战略、抓规划、抓政策、抓服务"。其中抓战略、抓规划、抓政策都是围绕政府的宏观引导职能来说的。2021年5月，在中国科学院第二十次院士大会、中国工程院第十五次院士大会和中国科学技术协会第十次全国代表大会上，习近平总书记再次强调，"科技管理改革不能只做'加法'，要善于做'减法'。要拿出更大的勇气推动科技管理职能转变,按照抓战略、抓改革、抓规划、抓服务的定位","强化规划政策引导,给予科研单位更多自主权",这就直接指明了简政放权、强化政府规划政策引导的职能转向要求。2024年7月,党的二十届三中全会指出要"增强国家战略宏观引导、统筹协调功能"。

二是从过去的研发管理向创新服务转向。党的十八届五中全会提出,要推动政府职能从研发管理向创新服务转变,这是政府履行创新职能方式方法和体制机制的重大改革。健全新型举国体制,要求政府进一步优化服务,为科技创新主体松绑减负、扫清障碍,着力补齐创新服务短板,优化创新服务体系,营造有利于创新的生态环境,以优质高效便捷的服务提升新型举国体制的效能。

(三)构筑战略力量,打造体系化的国家战略科技力量

强化国家战略科技力量是提升新型举国体制效能的必然要求。当前,我国面临的大量科技攻关问题需要跨学科甚至多学科协同参与,虽然国家实验室、科研机构、高水平研究型大学、科技领军企业等不同主体在创新活动中呈现了一定的联动,但是在有组织的科研实践中仍存在"断链""单向""封闭"等现象,亟须打造体系化的国家战略科技力量,形成面向重大问题共同开展科研攻关的模式。

一是要注重发挥国家实验室引领作用。国家实验室是面向国际科技竞争的创新基础平台,是保障国家安全的核心支撑,

知识点链接 国家战略科技力量

国家战略科技力量是体现国家意志、服务国家需求、代表国家水平的科技中坚力量，是科技国家队、"王牌军"，具有强使命导向、强能力驱动和强组织协同的特征。当前，新一轮产业和科技革命蓄势待发，世界新科技革命正加速发展，世界主要国家都在寻找科技创新的突破口，抢占未来发展的战略制高点。在这个过程中，国家战略科技力量发挥着至关重要的作用。党的十八大以来，习近平总书记多次就发挥国家战略科技力量作用发表重要讲话。2016年5月，习近平总书记在全国科技创新大会、两院院士大会、中国科协第九次全国代表大会上指出："要以国家实验室建设为抓手，强化国家战略科技力量。"2021年5月，习近平总书记在中国科学院第二十次院士大会、中国工程院第十五次院士大会、中国科学技术协会第十次全国代表大会上强调："世界科技强国竞争，比拼的是国家战略科技力量。"并对国家战略科技力量的重要组成部分提出了殷切希望："国家实验室、国家科研机构、高水平研究型大学、科技领军企业都是国家战略科技力量的重要组成部分，要自觉履行高水平科技自立自强的使命担当。"2024年7月，党的二十届三中全会通过的《中共中央关于进一步全面深化改革、推进中国式现代化的决定》指出，要"加强国家战略科技力量建设，完善国家实验室体系，优化国家科研机构、高水平研究型大学、科技领军企业定位和布局，推进科技创新央地协同，统筹各类科创平台建设"。可见，强化国家战略科技力量是一项需要各方面协同发力、统筹联动的复杂系统工程，否则是无法形成合力的。新征程上，必须更好发挥新型举国体制优势，推动国家战略科技力量体系化高效协同，为实现高水平科技自立自强、建设世界科技强国积蓄磅礴伟力。

在打造体系化的国家战略科技力量中发挥着引领作用。

二是要充分发挥国家科研机构建制化组织作用。国家科研机构要围绕国家战略需求和世界科技前沿确定基础研究的目标方向，有组织、规模化地开展战略性、基础性、长远性科技创新，为创新发展提供基础理论支撑和技术源头供给。

三是要充分发挥高水平研究型大学基础研究主力军作用。加强有组织科研，强化同国家战略目标和任务的对接，形成跨学科、跨单位的协同攻关机制。

四是要充分发挥科技领军企业的"出题人""答题人""阅卷人"作用。科技领军企业将创新链、产业链、需求链有机衔接起来，有利于提高国家战略科技力量的创新效率。

五是要加强国家战略科技力量之间的协同。通过强化各类型国家战略科技力量协同合作，以体系化布局统筹谋划和调动跨学科团队，优化配置各类科技资源，强化分工协作优势互补，打造集中力量办大事的协同攻关新模式。

（四）强化保障支撑，建立绩效评价机制、正向激励机制、监督问责机制

保障机制是实现新型举国体制高效、稳定运行的重要支撑。

一是要建立绩效评价机制。科技创新不应是一笔糊涂账，要通过政府、社会组织、企业、投融资机构等共同参与，建立健全多元化的分类评价机制，不仅要衡量其政治意义与社会效益，而且要测度其经济价值、资源投入产出比,防止盲目投资和浪费。

二是要建立正向激励机制。通过提高重大科研项目经费、提供财政补贴等多种激励手段引导科研人员、企业等投身事关国家安全的关键核心技术攻关;运用好国家最高科学技术奖、国家技术发明奖等荣誉,对在科技进步中作出突出贡献的组织和个人予以奖励和表彰,在全社会形成尊重科学、崇尚创新、投身科技创新的良好风尚;实行"揭榜挂帅"制度、"赛场选马"制度,既鼓励科技领军人才、国家科研机构、领军企业揭榜挂帅出征,也鼓励有实力、有干劲的青年科研人才参与关键核心技术攻关。

三是要建立监督问责机制。信任不能代替监督。为确保国家重要战略科研任务稳步推进,必须建立覆盖新型举国体制全流程的监督问责机制,对参与主体的所有活动进行动态全面监督,对造成国家重大科研机密泄露、国家财产重大损失的失职渎职行为,以及非法行为,严肃追究责任;对立项后不能完成项目结题、验收的主体,应追回资金;对恶意套取国家科研经费、骗取国家优惠政策的组织和个人严肃问责。

新时代新征程,我们要着力健全新型举国体制,提升国家创新体系整体效能,为推进中国式现代化提供坚实的科技支撑,为全面建成社会主义现代化强国注入强劲动力,为实现中华民族伟大复兴添加腾飞之翼。

关键词十一
坚持守正创新

潮涌东方，春风浩荡。改革开放是当代中国最显著的特征、最壮丽的气象。站在世界历史的角度，中国取得的成就绝非易事。在过去数十年的风云变幻中，各国的探索大多充满了曲折，比如同为社会主义国家的苏联、东欧各国在改革的动荡中解体、发生剧变，同为发展中国家的拉美各国在短暂繁荣后陷入"中等收入陷阱"，还有许多国家苦苦挣扎在发展泥潭中无力脱身。唯有中国，始终在各种风浪中笃定前行，背后原因何在？一言以蔽之——守正创新。

一、守正创新是进一步全面深化改革的本质要求

党的二十届三中全会以"六个坚持"深刻总结改革开放以来特别是新时代全面深化改革的宝贵经验，其中之一就是"坚持守正创新"。习近平总书记指出："守正才能不迷失方向、不犯颠覆性错误，创新才能把握时代、引领时代。"改革开放后特别是新时代以来，我们党坚持该改的、能改的坚决改，不该改的、不能改的坚决不改，不断深化对改革规律的认识。坚

知识点链接 "六个必须坚持"

习近平总书记在党的二十大报告中明确提出"六个必须坚持"，即必须坚持人民至上、必须坚持自信自立、必须坚持守正创新、必须坚持问题导向、必须坚持系统观念、必须坚持胸怀天下。"六个必须坚持"是一个逻辑严密、有机统一的整体，深刻彰显了习近平新时代中国特色社会主义思想的世界观、方法论和贯穿其中的立场观点方法，它对于推动马克思主义中国化时代化、引领中国特色社会主义事业发展具有重要的理论意义和实践价值，不仅为我们提供了认识世界、改造世界的科学思想武器，而且为我们指明了前进的方向和路径。

持守正创新，要求我们坚持中国特色社会主义不动摇，紧跟时代步伐，顺应实践发展，突出问题导向，在新的起点上推进理论创新、实践创新、制度创新、文化创新以及其他各方面创新。

（一）守正才能不迷失方向、不犯颠覆性错误

改，更改之意；革，改变之意，改革的本质是"变"。唯物辩证法认为，事物发展是"变"与"不变"的统一，明确改革的"变"与"不变"，也就是确定改什么、不改什么，改哪里、如何改。在中国这样一个有着960多万平方公里土地、14亿多人口的大国，一旦改什么、不改什么的问题出现了差池，就可能产生颠覆性、毁灭性的后果。对此，习近平总书记用"守正"二字来概括改革应坚持真理、坚守正道。守正守的是真理的原则性，创新创的是实践的变通性，只有守正基础上的创新才能行稳致远。

2024年5月，习近平总书记在山东济南主持召开企业和专家座谈会时强调"改革无论怎么改，坚持党的全面领导、坚持马克思主义、坚持中国特色社会主义道路、坚持人民民主专政等根本的东西绝对不能动摇"。回顾历史，苏联解体和东欧剧变是20世纪80年代末90年代初重要的国际政治事件。曾经强大的苏联在历史的风云激荡中走上了一条错误的路，抛弃了科学社会主义理想，推行所谓"人道的、民主的社会主义"，最终导致国家分崩离析，全世界社会主义运动遭受严重挫折。究

其原因，就是在改革中忘记了初心，改了不该改的。习近平总书记强调，"我们的改革开放是有方向、有立场、有原则的"，"我们所进行的一切完善和改进，都是在既定方向上的继续前进，而不是改变方向，更不是要丢掉我们党、国家、人民安身立命的根本"。

把牢方向，守中国特色社会主义道路之正。道路问题是最根本的问题。中国特色社会主义道路，是百余年来中国共产党带领中国人民历经千锤百炼、千辛万苦走出的一条正确道路。择善而从，止于至善。走对了的路就要始终不渝地坚持下去，因为方向决定道路，道路决定命运。曾经有一种声音试图偷换概念，把改革定义为宣扬"普世价值"、倡导"新自由主义"、实行"宪政民主"。习近平总书记亮明态度，"在方向问题上，我们头脑必须十分清醒，不断推动社会主义制度自我完善和发展，坚定不移走中国特色社会主义道路"，"我们的改革是在中国特色社会主义道路上不断前进的改革，既不走封闭僵化的老路，也不走改旗易帜的邪路"。

站稳立场，守马克思主义之正。马克思主义是我们立党立国、兴党兴国的根本指导思想。百余年来，中国无数有志之士曾尝试过各种救亡图存的主张、方法，无一不以失败而告终。历史和实践告诉我们，只有马克思主义才能救中国，才能发展中国。在进一步全面深化改革过程中，不能忘记马克思主义这个老祖宗，必须坚守马克思主义立场观点方法之正，用马克思主义中国化时代化最新成果武装头脑，运用其科学的世界观和方法论解决实际问题。

坚持原则，守党的全面领导、人民民主专政之正。中国共产党的领导是中国特色社会主义最本质的特征和最大优势，也是进一步全面深化改革的根本保证。党的二十届三中全会总结过往经验，提出进一步全面深化改革必须贯彻的重大原则，第一条就是"坚持党的全面领导"。诚然，在过往一切改革进程中，党的领导如定海神针，为改革事业举旗定向；如架海金梁，总揽全局、协调各方；如身使臂、如臂使指，确保各项改革任务落实见效。如果没有党的全面领导，改革就不可能成功推进、中国式现代化就必然是空中楼阁。因此，无论改什么、改到哪一步，都要坚持党的领导。同时，人民是历史的创造者，是推动改革的主体力量，也是共享改革的利益主体。我们的改革一切为了人民、一切依靠人民，从小岗村农民的红手印，到新时代各地的"枫桥经验"，改革开放每一次的突破和创造，无不来自亿万人民的实践和智慧。进一步全面深化改革必须坚持人民民主专政，充分调动广大人民推进改革的积极性、主动性、创造性，方能得到人民衷心拥护和积极参与。

（二）创新才能把握时代、引领时代的改革潮流

创，始也，开辟之意；新，初也，开启之意。创新的本质是充分发挥人的主观能动性，对未知领域积极探索，勇于走别人没有走过的路，做前人没有做过的事。改革本身就意味着创新，要勇于探索、锐意进取、开拓创新。

创新是中国式现代化的鲜明底色。现代化是世界各国孜孜以求的共同目标，不同于西方以资本为中心、贫富两极分化、物质主义膨胀、肆意破坏生态、对外扩张的现代化老路，中国走出了一条人口规模巨大、全体人民共同富裕、物质文明和精神文明相协调、人与自然和谐共生、走和平发展道路的现代化新路，这是人类历史上前所未有的。中国式现代化是中国共产党领导人民从革命到建设再到改革的一次次求索开拓中走出来的，是在不断推进马克思主义中国化时代化中走出来的，其最鲜明的底色之一就是创新。

创新是中华文明的突出特征。在文化传承发展座谈会上，习近平总书记指出，中华文明的创新性，从根本上决定了中华民族守正不守旧、尊古不复古的进取精神，决定了中华民族不惧新挑战、勇于接受新事物的无畏品格。从"与时偕行"到"苟日新，日日新，又日新"，从"因革损益"到"日新之谓盛德"，中国古人始终强调创新创造，开拓创新精神镌刻在中华民族的基因里，一部中华文明发展史，就是一部创新史。中国共产党人是马克思

关键词十一　坚持守正创新

主义的坚定信仰者和实践者，也是中华优秀传统文化的忠实传承者和弘扬者。通过不断地把马克思主义基本原理同中国具体实际相结合、同中华优秀传统文化相结合，在伟大的社会革命和自我革命中不断革故鼎新、辉光日新，中国共产党带领中国人民不断创造属于我们这个时代的新文化，不断铸就中华文化新辉煌。

创新也是进一步全面深化改革的必然要求。40多年的实践充分证明，改革开放是党和人民大踏步赶上时代的重要法宝，是坚持和发展中国特色社会主义的必由之路，而创新可以说是全面深化改革开放、坚持和发展中国特色社会主义的关键。河北雄安新区，就是党和国家着力打造的贯彻新发展理念的创新

◆◆　河北雄安新区　（汉华易美/供图）

发展示范区。坚持数字城市与现实城市同步规划、同步建设，打造全球领先的数字城市；实行大部制、扁平化管理，设立跨境电子商务综合试验区；在全国率先上线企业跨省份迁移全程网办系统，推进自由贸易试验区"证照分离"改革全覆盖试点；等等。雄安新区自成立以来，始终把创新作为高质量发展的第一动力，努力打造新时代高质量发展的标杆。

如今，世界百年未有之大变局加速演进，实现第二个百年奋斗目标存在许多新困难新挑战，越是伟大的事业，越充满艰难险阻，越需要开拓创新。新征程上，更需要紧跟时代步伐，顺应实践发展，以锐意创新的勇气、敢为人先的锐气、蓬勃向上的朝气，在新的起点上推动全面深化改革不断取得新突破。

（三）守正创新是全面深化改革的重要经验

守正创新包含了"守正"与"创新"两个辩证统一的基本方面。守正必须创新，创新离不开守正，守正为创新凝心铸魂，创新为守正注入活力。"不实行改革开放死路一条，搞否定社会主义方向的'改革开放'也是死路一条"，习近平总书记的话清晰地表明了守正创新正是全面深化改革以来的宝贵经验之一。

回顾40多年来的改革历程，党的十一届三中全会是划时代的。在党和国家面临何去何从的重大历史关头，党的十一届三中全会在坚持社会主义道路、坚持人民民主专政、坚持中国共

关键词十一　坚持守正创新

产党的领导、坚持马克思列宁主义、坚持毛泽东思想等"守正"的基础之上，勇于突破历史禁锢，作出把党和国家工作中心转移到经济建设上来、实行改革开放的历史性决策，开启了改革开放和社会主义现代化建设历史新时期，带领中华民族实现了从站起来到富起来的伟大飞跃。党的十八届三中全会也是划时代的，在国内外环境发生极为广泛而深刻的变化、国家发展面临一系列突出矛盾和挑战的背景下，习近平总书记亲自领导、谋划和推动全面深化改革，在继续坚持四项基本原则的基础上，开启了全面深化改革的新时代，开创了我国改革开放的全新局面，许多领域实现历史性变革、系统性重塑、整体性重构，带领中华民族实现了从富起来到强起来的伟大飞跃。党的二十届三中全会进一步强调了守正创新的重要性，将其作为"六个坚持"重大原则之一，一方面，必须志不改、道不变，既不走封闭僵化的老路，也不走改旗易帜的邪路，始终朝着正确方向、沿着正确道路推进；另一方面，要顺应时代发展新趋势、实践发展新要求、人民群众新期待，以敢闯敢试的胆识和魄力，进一步解放和发展社会生产力、增强社会活力。

近年来，在守正创新原则的指导下，中国新能源汽车产业得到了蓬勃发展。在坚持自主创新、坚持可持续发展、维护国家能源安全等前提下，持续优化市场环境"放水养鱼"，取消制造业外资股比限制倒逼竞争，加快推进充电桩、储能等设施建设和配套电网改造，实施新能源汽车购置补贴、免征车辆购置税等一系列改革创新举措。2023年，我国跃升为全球最大的汽车出口国，新能源汽车产销总量占全球比重超过60%，连续9年位居世界第一。2024年1—10月，新能源汽车产销分别完

知识点链接：既不走封闭僵化的老路，也不走改旗易帜的邪路

在论及守正创新时，习近平总书记反复提到一句话——既不走封闭僵化的老路，也不走改旗易帜的邪路。2012年12月，习近平总书记在广东考察工作时强调："我们当然要高举改革旗帜，但我们的改革是在中国特色社会主义道路上不断前进的改革，既不走封闭僵化的老路，也不走改旗易帜的邪路。"

党成立以来正反两方面的历史经验教训表明，道路决定命运，道路问题是关系党的事业兴衰成败第一位的问题。所谓"封闭僵化的老路"，是指把马克思主义当作亘古不变的教条，照抄照搬他国模式，忽略中国具体国情的路子，如各种本本主义、教条主义、经验主义；所谓"改旗易帜的邪路"，是指放弃马克思主义的基本立场和科学社会主义的基本原则，否定党的四项基本原则的路子，如走资本主义、民主社会主义或其他什么主义的路子。否定这两条错误的路，是为了强调坚持正确的路——中国特色社会主义道路。中国特色社会主义道路，是党历经千锤百炼、万千波折找到的一条符合中国实际、反映中国人民意愿、适应时代发展要求的正确道路。

成 977.9 万辆和 975 万辆，同比分别增长 33% 和 33.9%，新能源汽车新车销量达到汽车总销量的 39.6%。

二、守正创新的主要内容

党的十一届三中全会至今，中国共产党接续推进改革开放这场伟大革命，创造了世所罕见的经济快速发展和社会长期稳定两大奇迹，党和国家事业取得历史性成就、发生历史性变革。作为改革开放最主要经验和方法之一的守正创新，其内涵十分丰富，涉及改革的思想理论、制度和实践三个层面。

（一）思想理论上的守正创新

思想是行动的先导。在全面深化改革的伟大实践中，必须冲破思想观念的障碍、突破利益固化的藩篱，才能推动改革不断向纵深发展并取得新突破。

回顾改革开放历史，每一项重大改革举措都经历了不断探索、持续迭代、与时俱进的过程。以对政府与市场关系的探索为例，1992 年，党的十四大提出"要使市场在国家宏观调控下对资源配置起基础性作用"，这一决定冲破了传统关于社会主义与市场经济不可兼得的思想禁锢，是一个重大的思想和理论突破。之后，党的十五大提出"使市场在国家宏观调控下对资源配置起基础性作用"，党的十六大提出"在更大程度上发挥市场在资源配置中的基础性作用",党的十七大提出"从制度上更好发挥市场在资源配置中的基础性作用",党的十八大提出"更大程度更广范围发挥市场在资源配置中的基础性作用",党的十八届三中全会提出"使市场在资源配置中起决定性作用和更好发挥政府作用",党的二十大报告提出"充分发挥市场在资源配置中的决定性作用,更好发挥政府作用",党的二十届三中全会对此再次强调,每一次论述的修改都是对政府和市场关系的认识不断深化的过程,也都是坚持社会主义基本性质、不断寻求思想观念突破的过程。

思想的突破必然伴随着理论的创新。2005年8月,时任浙江省委书记习近平同志在浙江安吉考察时,首次提出"绿水青山就是金山银山"的重要论断,深刻揭示了经济发展和生态环境保护相辅相成、辩证统一的关系,正是在这一重大思想理论创新的引领下,浙江安吉坚持"生态立县"、深化改革,逐步探索出一条生态美、产业兴、百姓富的高质量绿色发展之路。新时代以来,习近平总书记坚持以思想理论创新引领改革实践创新,提出一系列关于全面深化改革的新思想新观点新论断,比如,聚焦"改什么",强调"我们的改革开放是有方向、有立场、有原则的";明确"往哪儿改",强调"抓改革、促发展,归根到底就是为了让人民过上更好的日子";着眼"怎么改",强调"胆子要大、步子要稳","既勇于冲破思想观念的障碍,

关键词十一　坚持守正创新

◆◆　浙江安吉小山村绿意盎然　　（汉华易美/供图）

又勇于突破利益固化的藩篱",创造性提出全面深化改革的主攻方向和路线图、科学方法和有效路径。

（二）制度改革上的守正创新

"凡将立国,制度不可不察也。"制度是关乎党和国家事业发展的根本性、全局性、稳定性、长期性问题。在过往经济发展、国家建设的历程中,在战洪水、抗地震、战疫情等危机事件中,中国特色社会主义制度都凸显了强大的优势。然而,随着世情国情党情不断变化，随着改革进入深水区，各方面体制机制弊端日益凸显，必须运用改革的方式不断革除体制机制弊端，从而顺利推进改革，及时巩固改革成果。

改革开放以来，党和国家始终高度重视制度建设和改革的重要性，从家庭联产承包责任制到兴办经济特区，从单一公有制到坚持以公有制为主体、多种所有制经济共同发展、"两个毫不动摇"，从计划经济体制到社会主义市场经济体制，从以

知识点链接 "两个毫不动摇"

"两个毫不动摇"，是指毫不动摇巩固和发展公有制经济，毫不动摇鼓励、支持、引导非公有制经济发展。这一政策出自党的十八大报告，旨在保证各种所有制经济依法平等使用生产要素、公平参与市场竞争、同等受到法律保护。公有制经济和非公有制经济都是社会主义市场经济的重要组成部分，都是我国经济社会发展的重要基础。因此，坚持"两个毫不动摇"对于构建高水平社会主义市场经济体制，推动我国经济高质量发展具有重要意义。这一方针是新时代坚持和发展中国特色社会主义的基本方略之一，也是推动我国经济社会持续健康发展的重要保障。在具体实践中，"两个毫不动摇"被确立为党和国家的一项大政方针，并不断完善落实相关体制机制，以充分激发各类经营主体的内生动力和创新活力。同时，相关法律法规和政策措施也不断完善，以保护各种所有制经济的合法权益，促进其共同发展。

经济体制改革为主到全面深化经济、政治、文化、社会、生态文明体制改革和党的建设制度改革，不断纵深推进的体制机制改革令中国特色社会主义不断焕发出蓬勃生机和活力。

党的十八大以来，以习近平同志为核心的党中央立足我国发展实际，把制度建设摆到更加突出的位置，指出新时代改革开放"很重要的一点就是制度建设分量更重"，以全面深化改革推动各方面制度更加成熟更加定型。以科技体制创新为例，不断深化科技计划管理改革，提升科技资源配置效率；简化科研项目申报和过程管理，减轻科研人员负担；建设中国特色国家创新体系；科技评价机制改革推进"破四唯"；通过实施"揭榜挂帅"和"赛马制"等鼓励体制机制创新；重视基础研究，投入持续增长；不断强化企业创新主体地位，优化科技创新生态；等等。全社会研发经费投入从2012年的1.03万亿元增长到2023年的3.3万亿元，与国内生产总值之比达2.64%，超过欧盟国家平均水平。全球创新指数排名从2012年的第34位跃升至2023年的第12位，我国进入创新型国家行列。

党的二十届三中全会继承了十八届三中全会的改革总目标——"继续完善和发展中国特色社会主义制度，推进国家治理体系和治理能力现代化"。未来进一步全面深化改革必须锚定这个总目标，坚决破除妨碍推进中国式现代化的思想观念、体制机制障碍和结构性矛盾，推动中国特色社会主义制度更加成熟更加定型，为党和国家事业发展、为人民幸福安康、为社会和谐稳定、为国家长治久安提供一整套更完备、更稳定、更管用的制度体系。

（三）实践上的守正创新

"知者行之始，行者知之成。"在谈及贯彻落实党的二十大精神时，习近平总书记曾说："空谈误国、实干兴邦，一分部署、九分落实。不注重抓落实，不认真抓落实，再好的规划和部署都会沦为空中楼阁。"全面深化改革也是如此。改革重谋划，更重实效；既要有思想理论的筹策擘画，也要有制度建设的全盘推进，还要有具体实践的行动落实。要想把制度优势转化为治理效能，把"中国之制"的优势转化为"中国之治"的伟业，把进一步全面深化改革的战略部署转化为推进中国式现代化的强大力量，就必须落实到具体的改革实践上，既当改革促进派，又当改革实干家，在守正创新中推动改革不断取得新成效。

要以钉钉子精神抓改革落实，这是习近平总书记关于改革实践的形象比喻。他强调，改革战略要出成绩、见成效，必须像钉钉子一样持续不断地发力。《干在实处 勇立潮头——习近平浙江足迹》记载，2003年，时任浙江省委书记习近平同志擘画了"发挥八个方面的优势""推进八个方面的举措"的决策部署（简称"八八战略"），之后就马不停蹄地推进每一项任务目标的落实，并提出将2004年作为"狠抓落实年"，要求把"八八战略"作出的总体规划和提出的各项任务，一步步展开，一项项分解，一件件落实。在这一精神指引下，20年来，浙江全省坚持把高质量发展作为新时代的硬任务，锚定人民对美好生活的向往，一张蓝图绘到底，持续推动"八八战略"走深走实，不断开辟中国式现代化的浙江实践新境界。

一省如此，一国更是如此。党的十八大以来，习近平总书记反复强调，全面深化改革犹如建设一座大厦，既要绘制好蓝图，更要抓好施工落实。"扭住关键、精准发力，敢于啃硬骨头，盯着抓、反复抓，直到抓出成效"，"要强化改革责任担当，看准了的事情，就要拿出政治勇气来，坚定不移干"，在这一精神指引下，全党全国各族人民务实笃行、持之以恒，保持战略定力，一锤接着一锤敲，一代接着一代干，将改革的美好蓝图变成一个个中国式现代化的生动实践。新时代以来，大到医疗、教育、户籍等重大制度改革，小到身份证异地挂失受理、婚姻登记跨省通办等便民服务，国家共推出2000多个改革方案，涉及经济社会各领域，现代化建设成果正在更多更公平惠及全体人民。

三、在坚持守正创新中进一步全面深化改革

改革扬帆风正劲，击鼓催征再出发。面对纷繁复杂的国际国内形势，面对新一轮科技革命和产业变革，面对人民群众新期待，必须继续把改革推向前进。进一步全面深化改革是一场广泛而深刻的社会变革，既要保持高度的战略定力，又要讲究科学的方式方法。我们坚持守正创新，既要有咬定青山不放松的定力，也要有不惧风雨勇向前的魄力。一方面，以道不变、志不改的坚定，在立场、方向、原则、道路等根本性问题上旗帜鲜明、毫不含糊；另一方面，以"犯其至难而图其至远"的创新勇气，紧跟时代步伐，顺应实践发展，突出问题导向，实现思想理论、制度和实践上的创新突破，开辟中国特色社会主义事业新局面。

（一）坚持以马克思主义为指导，解放思想、实事求是，在思想理论上守正创新

"思想的闪电总是先于巨变的雷鸣"，理论创新对实践创新具有重大先导作用。党的十八大以来，以习近平同志为核心的党中央高瞻远瞩、把脉定向，紧扣中国之问、世界之问、人民之问、时代之问，廓清困扰和束缚改革发展的迷雾，提出了一系列创造性的新思想、新观点、新论断，将中国特色社会主

关键词十一　坚持守正创新

义改革理论和改革实践推至新的广度和深度。在总结新时代全面深化改革取得的历史性伟大成就时，习近平总书记深刻指出："这是一场思想理论的深刻变革。"未来以进一步全面深化改革开辟中国式现代化广阔前景，也需要经由思想和理论的守正创新来引导。

在解放思想中守正创新。"理念一变天地宽。"中国式现代化作为一项前无古人的开创性事业，必须开阔视野、解放思想。解放思想是解放和发展社会生产力、激发和增强社会活力的"总开关"。要做清醒的改革者，一方面，再改也不能改初心，在举什么旗、走什么路、向什么目标前进等根本性问题上有着绝对不能动摇的战略清醒和政治定力，确保不在根本性问题上出现颠覆性错误；另一方面，顺应时代发展新趋势、实践发展新要求、人民群众新期待，以持续自我革新的勇气，鼓励从中央到地方解放思想，打开思维的"窗"，拆除观念的"墙"、突破利益的"藩"，不断以思想引领变革、以改革促进发展、以创新激发活力。

在实事求是中守正创新。马克思主义不是教条，而是行动指南，只有与中国国情相结合，才能焕发出强大的生命力、创造力、感召力。中国共产党的历史，就是一部在实事求是中不断推进真理本土化的历史。思想理论的守正创新也需要坚持实事求是的思想路线，结合实际、因地制宜地进行创新。立足各地的实际情况，多一些调研摸底、需求对接和前瞻谋划，不能"依葫芦画瓢"，也不能"穿新鞋走老路"。同时要充分尊重人民群众的主体地位和首创精神，真心拜人民为师，诚心向人民学习，虚心向人民求教，获得源源不断的实践力量和理论智慧。

在"两个结合"中守正创新。党的二十大报告指出，要坚持把马克思主义基本原理同中国具体实际相结合、同中华优秀传统文化相结合。习近平总书记在文化传承发展座谈会上进一步强调了"两个结合"是我们取得成功的最大法宝，"第二个结合"是又一次的思想解放，打开了理论和制度创新的新空间。由此可见，"两个结合"既是历史经验，也是重要的方法论。近年来，正是在"两个结合"思想的指导下，不断推动中华优秀传统文化创造性转化、创新性发展，从《千里江山图》、何尊等收藏在博物馆里的文物活起来，到故宫、莫高窟等陈列在广阔大地上的文化遗产火起来；从《诗经》《论语》等经典古籍持续畅销，到历史文化街区得以活态保护，中华文化的"一池春水"生机勃勃。在进一步全面深化改革的伟大实践中，要继续以"两个结合"守中华优秀传统文化根脉之正，创中华民族现代文明之新。

关键词十一　坚持守正创新

◆◆　甘肃敦煌莫高窟　（汉华易美/供图）

（二）坚持中国特色社会主义道路，完善和发展中国特色社会主义制度，在制度建设上守正创新

"经国序民，正其制度。"继续完善和发展中国特色社会主义制度，推进国家治理体系和治理能力现代化，是全面深化改革的总目标。面向未来，必须把制度建设和治理能力建设摆到更加突出的位置，继续深化各领域各方面体制机制改革。

在突出重点中守正创新。全面深化改革不是面面俱到、平均用力，而是既要全面，又要有重点。新时代以来，以习近平同志为核心的党中央不断深化对改革规律的认识，紧紧牵住改革这个"牛鼻子"，既抓重要领域、重要任务、重要方面，又抓关键主体、关键环节、关键节点，把各项改革任务落到实处。习近平总书记深刻指出，要抓住主要矛盾和矛盾的主要方面，"要以经济建设为中心、发挥经济体制改革牵引作用"，"要把握住我国现阶段社会基本矛盾的主要方面，重点是发展"，这些论断为进一步全面深化改革指明了主攻方向。党的二十届三中全会《决定》锚定2035年基本实现社会主义现代化目标，重点部署未来5年的重大改革举措，注重发挥经济体制改革牵引作用，注重构建支持全面创新体制机制。未来要继续筑牢中国特色社会主义根本制度，完善基本制度，创新重要制度，从最紧迫的事情抓起，推动制度改革守正创新，为推进中国式现代化持续注入强劲动力。

在系统集成中守正创新。当下，我国改革已步入深水区，任务之重、范围之广、影响之深前所未有，必须更加注重系统集成，使各方面改革相互配合、协同高效。一是下好"一盘棋"，在全局上谋势，使各板块充分衔接。在进行顶层设计时，要坚持以全局观念和系统思维整体谋划，避免"头痛医头，脚痛医脚"。以生态文明建设为例，2021年全国两会期间，习近平总书记在内蒙古代表团参加审议时首次提出要在"山水林田湖草"系统治理加一个"沙"字。"山水林田湖草沙"便是对自然生态运用整体思维的典范。二是打好"组合拳",在全域发力,使各领域相互配合,不是零敲碎打,也不是碎片化修补,而是全面系统的改革和推进,加强各项改革举措的协调配套,增进各领域的系统联动。如在生态文明建设上,组建自然资源部、生态环境部,建立实施中央环保督察、河湖长制,首创生态保护红线制度……一系列体制机制改革形成组合拳,推动生态环境保护发生历史性、转折性、全局性变化。三是心往一处想、劲往一处使、拧成一股绳。改革涉及不同地区、群体的利益,需要求同存异、凝聚共识,防止和克服各行其是、相互掣肘的现象,推动各领域各方面形成合力,产生"1+1＞2"的"化学反应"。比如实施生态补偿机制,综合运用行政和市场手段,调整生态环境保护和建设各方之间利益关系,激发全社会共同呵护生态环境的内生动力。

（三）坚持正确价值取向,讲究方式方法,在改革实践中守正创新

改革从理论到制度、从制度到实践,是一个从抽象到具体、从谋划到落实的过程。必须把牢进一步全面深化改革的价值取向,以促进社会公平正义、增进人民福祉作为改革的出发点和落脚点,积极作为,善作善成,以钉钉子精神抓好改革落实,把进一步全面深化改革的战略部署转化为民生所急、民心所向的改革举措,让人民群众有更多获得感、幸福感、安全感。在此基础上，注意讲究方式方法，把握以下三对辩证关系。

一是处理好"放"与"管"的关系。活力与秩序如何平衡是一道世界性难题。改革要进一步解放和发展社会生产力、增强社会活力，同时要保持社会秩序稳定，就必须处理好"放"与"管"的关系。放，是放权力、放限制、放门槛，是放活而非放任，要充分发挥市场这只"看不见的手"的作用，让一切创新创造充分涌流。比如，从2018年至2023年，各级政府清理取消2.1万多项证明，破除审批"当关"、公章"旅行"、公文"长征"等行政乱象，拆除了阻碍群众办事创业的隐形篱笆。管，是管宏观、管环境、管服务，是管好而不是管死，要为有效市场保驾护航，同时更好地维护市场秩序，弥补市场失灵。比如完善监管制度，建立准入负面清单制度，推行全国一张清单并不断缩减清单事项，不断降低市场准入门槛。截至2023年底，登记在册民营企业超5300万户，比2012年增长3.9倍。"放""管"结合，协同推进，统筹有效市场和有为政府，这是中国特色社会主义市场经济的独特优势。

二是处理好"小"与"大"的关系。全面深化改革是宏观谋划，但改革的制度和举措却比较具体，涉及每个微观主体。既要大处着眼，统筹规划，也要小处着手，做细做实；既要重视宏观体制机制问题，也要关注百姓关切的日常小事，铢积寸累，涓滴成流。习近平总书记强调："为了人民而改革，改革才有意义；依靠人民而改革，改革才有动力。"以民生为尺度，小事皆大事。要从就业、增收、入学、就医、住房、办事、托幼、养老等老百姓急难愁盼的问题入手，多推出一些民生所急、民心所向的改革举措，多办一些惠民生、暖民心、顺民意的实事。比如，曾经有些地方的政务大厅"门难进、脸难看、事难办"，老百姓办证办事"磨破嘴、跑断腿、操碎心"。对此，党中央深入推进行政审批制度改革，实施简政放权，如上海推行"一网通办"、江苏实施"不见面审批"、天津滨海新区开展"一枚印章管审批"，老百姓跑腿的烦恼越来越少，既提高了行政效能，也增强了群众的获得感、幸福感。

三是处理好"破"与"立"的关系。"革，去故也；鼎，取新也。"改革的另一对矛盾是破旧与立新，孰轻孰重、孰先孰后，是必须把握好的一对辩证关系。当前，改革进入攻坚期和深水区，"好吃的肉都吃掉了，剩下的都是难啃的硬骨头"，各方关系千丝万缕、利害交织错杂，牵一发而动全身，必须综合统筹，最大程度降低改革成本，才能最顺利地将改革向前推进。对此，习近平总书记强调在改革中要坚持"破立并举、先立后破"。其中一个重要经验就是以试点方式推动改革，推动新事物由小到大、由点到面、由表及里的不断扩展。不搞"一刀切"，不急于求成，不大破大立。如此，既有利于降低试错成本，也有助于凝聚改革最大共识。比如2013年，我国最早设立的上海自由贸易试验区，以高水平开放促改革、促发展，之后在试点成功的基础上，逐步推广至更大范围。截至2023年，全国各地先后设立22个自由贸易试验区，累计开展3500余项改革试点，总结提炼形成302项制度创新成果，成为以点带面深化改革，以开放促改革、促发展的缩影。

关键词十二
坚持党对改革的全面领导

泉城五月，草木蓊郁，一场紧扣推进中国式现代化主题，进一步全面深化改革的座谈会在济南南郊宾馆召开。习近平总书记在座谈会上强调，改革无论怎么改，坚持党的全面领导、坚持马克思主义、坚持中国特色社会主义道路、坚持人民民主专政等根本的东西绝不能动摇，这是40多年改革开放、10多年全面深化改革伟大实践得出的宝贵经验与启示。习近平总书记主持召开的这场座谈会深刻阐述了进一步全面深化改革的一系列重大理论和实践问题，为新征程上进一步全面深化改革再次把准方向、立场、原则。

一、党的领导确保改革航船沿着正确航向破浪前行

方向决定道路，道路决定命运。1978年12月，党的十一届三中全会在北京召开，这是我们党历史上的一次伟大觉醒，中华民族从此踏上迈向改革开放和社会主义现代化新征程。在向何处去的十字路口，中国共产党作出改革开放的历史性抉择，历史翻开新的一页。改革是有方向、有立场、有原则的，实践充分证明坚强的领导核心对中国取得世所瞩目的伟大成就具有决定性作用。

（一）改革任务越繁重，越要加强和改善党的领导

面对国内外环境发生的广泛而深刻的复杂变化，以及出现的新矛盾、新挑战，在以习近平同志为核心的党中央坚强领导下，中国始终把全面深化改革作为推进中国式现代化的根本动力，实现经济实力、综合国力、国际影响力的大幅提升。2013—2023年，我国经济实现年均6.1%的中高速增长，增速居世界主要经济体前列，对世界经济增长年均贡献率超过30%，成为全球经济增长的最大引擎。2024年上半年延续恢复向好态势，同比增长5%，中国经济长期向好的基本面不会改变。今天的中国，是世界第二大经济体、全球制造业第一大国、货

关键词十二　坚持党对改革的全面领导

物贸易第一大国、服务贸易第二大国、商品消费第二大国和外汇储备第一大国。然而，在取得辉煌成就的同时，中国在前进中所面对的困难和风险也世所罕见。环顾国内，中国处于后疫情时代经济恢复、社会转型升级的关键时期，改革进入攻坚期和深水区，利益格局错综复杂，社会意识多样化和人民利益诉求多样化交织叠加，加大了推进改革的难度。放眼全球，世界之变、时代之变、历史之变正以前所未有的方式展开，世界百年未有之大变局加速演进；检视自身，党的建设面临不少顽瘴痼疾，"四大考验""四种危险"等将长期存在，解决问题的关键在加强和改善党对进一步全面深化改革的领导。党中央必须充分发挥党中央的领导力、判断力、决策力、行动力的决定性作用，敢于突进深水区，敢于啃硬骨头，敢于涉险滩，敢于面对新矛盾、新挑战，以前所未有的力度打开新局面，在攻坚克难中统筹协调各种利益关系、化解各种利益冲突，在披荆斩棘中坚定前行。

"纷繁世事多元应，击鼓催征稳驭舟。"改革任务越繁重，越要加强和改善党的领导，越要维护党中央权威和集中统一领导，越要进一步把党锻造成中国特色社会主义事业的坚强领导核心。党中央必须深刻把握时代发展大势，抓住历史变革先机，进一步推进气势如虹、波澜壮阔的全面深化改革进程，矢志不渝将全面深化改革推向前进。

（二）坚持党的领导，是进一步全面深化改革必须坚持的首要原则

星霜荏苒，居诸不息；山河为卷，改革为笔。46年前安徽小岗村的农民们燃起中国改革的火种，深圳还是南海边上的一个普通小渔村，从小岗村"大包干"的一声春雷到深圳蛇口的开山炮声，彰显着改革进程中党的领导与尊重群众首创精神的思维；解放思想与实事求是，顶层设计与摸着石头过河，胆子要大与步子要稳，市场作用与政府作用，中国共产党的辩证思维贯穿改革全过程。进入新时代，国家的"大事件"刷新着我们共同的"小记忆"，我们一起见证了祖国极不平凡的新成就：全面建成小康社会，全国疫情防控取得重大决定性胜利，中国空间站全面建成，神舟十七号、十八号接力腾飞，C919大飞机实现商用，白鹤滩水电站全面投产……这一个个巨大成就，让我们深深感受到祖国正走向伟大复兴。改革，是我们党带领人民进行的伟大革命，在党的坚强领导下，改革始终牢牢把稳正确方向、蹄疾步稳、奋勇前行。回溯46年波澜壮阔的改革历程，捷报频传，无一不来自我们党的使命担当，改革的热土始终传承着厚重的红色基因，烙印着党的领导的鲜明底色，这是改革成功的核心密码。历史和人民选择中国共产党领导全面深化改革的伟大复兴事业是正确的，必须长期坚持、永不动摇。

万山磅礴看主峰，大海航行看灯塔。办好中国的事情，关

关键词十二　坚持党对改革的全面领导

键在党,不理解中国共产党就不可能理解中国的改革事业。党的十八大以来,以习近平同志为核心的党中央通过一系列全方位、深层次、根本性的改革,在推进中国式现代化实践中取得了历史性、革命性、开创性的成就,新时代进一步全面深化改革的首要原则和根本保证就在于坚持党的领导,党的领导为改革提供了科学的理论指导、顶层设计、组织动员、社会治理和制度保障等多方面支持,确保改革方向正确、措施有效、推进有力。在这一波澜壮阔的伟大征程中,党的领导将始终是指引改革前行的最鲜明的旗帜,是改革取得世所瞩目成就的关键所在。坚持以习近平同志为核心的党中央的坚强领导,进一步全面深化改革事业必将生生不息,中国式现代化建设必将浩荡前行。

(三)坚决维护党中央权威和集中统一领导,改革步调一致才能取得胜利

从历史深处奔涌而来,向着民族复兴的彼岸澎湃而去,改革的浪潮涌动东方,中国日新月异,焕发无尽生机。党的十八大以来,以习近平同志为核心的党中央始终将解决好"三农"问题作为全党工作的重中之重。到2020年底,中国脱贫攻坚战取得了全面胜利,现行标准下9899万农村人口全部脱贫,832个贫困县全部摘帽,12.8万个贫困村全部出列,区域性整体贫困问题得到解决,完成消除绝对贫困的历史任务,全面建成小康社会。党团结带领亿万人民书写了人类减贫史上的奇迹,谱

写了人类反贫困新篇章，为全球减贫事业贡献了中国智慧和中国方案。坚持党的领导，坚决维护党中央权威和集中统一领导，是打赢脱贫攻坚战的关键和根本。

随着改革推向深入，形势愈加复杂，维护党中央权威和集中统一领导尤为重要，以确保改革方向不偏离，在正确的轨道上推进，各项改革措施都能够科学、有序落实落细。维护党中央权威和集中统一领导，最关键的就是拥护"两个确立"、做到"两个维护"，这是在新的伟大斗争实践中形成的，是新时代最重大政治成果、得出的最宝贵历史经验、最客观的实践结论，是党和人民应对一切不确定性的最大确定性、最大底气和最大保证，是党和人民的郑重选择，是党和国家之幸、人民之幸、中华民族之幸。

跋山涉水不改一往无前，山高路远但见风光无限。2024年6月30日，深中通道建成开通，这是继港珠澳大桥后粤港澳大湾区的又一超大型交通工程。历时7年建设，这一超大型交通工程，攻克多项世界级技术难题，创造多项世界纪录，凝结着广大建设者改革创新的不懈努力，书写了世界桥隧建设史上的新奇迹。这深刻印证着改革是干出来的，中国式现代化是干出来的，伟大事业成于实干。改革之路不是通天坦途，但只要坚决维护党中央权威和集中统一领导，激励亿万人民聚力奋进，就一定能跨越重重关山，迈向高质量发展新境界，推动新时代全面深化改革行稳致远，创造中国式现代化新的辉煌。

关键词十二　坚持党对改革的全面领导

◆◆　深中通道夜景　（汉华易美/供图）

二、党的领导是进一步全面深化改革的根本保证

山雄有脊，房固因梁。党的十九届六中全会通过的《中共中央关于党的百年奋斗重大成就和历史经验的决议》鲜明指出："中国共产党是领导我们事业的核心力量。中国人民和中华民族之所以能够扭转近代以后的历史命运、取得今天的伟大成就，最根本的是有中国共产党的坚强领导。"党团结带领人民书写了中华民族五千多年历史上最恢宏的史诗，绘就了人类发展史上的壮美画卷，中华民族伟大复兴展现了前所未有的光明前景。历史和现实已充分证明，没有中国共产党，就没有新中国，就没有中华民族伟大复兴。

改革开放是我们党在新的时代条件下带领人民进行的新的伟大革命，是当代中国最鲜明的特色，也是我们党最鲜明的旗帜。2024年6月27日，习近平总书记在主持召开的研究进一步全面深化改革、推进中国式现代化问题的中共中央政治局会议上指出，进一步全面深化改革要总结和运用改革开放以来特别是新时代全面深化改革的宝贵经验，并提出进一步全面深化改革应贯彻的重要原则的第一条，即"坚持党的全面领导，坚决维护党中央权威和集中统一领导，发挥党总揽全局、协调各

关键词十二　坚持党对改革的全面领导

方的领导核心作用，把党的领导贯穿改革各方面全过程，确保改革始终沿着正确政治方向前进"。全面深化改革，关系党和人民事业前途命运，关系党的执政基础和执政地位，党的领导，在改不改、往哪改、怎么改、靠谁改等方面为进一步全面深化改革注入确定性，立稳基本盘。

（一）把党的领导贯穿全面深化改革各方面全过程

近年来，以风电光伏为代表的新能源产业依托技术、装备创新实现蓬勃发展，我国新能源产业链创新链不断融合，成为领跑全球的新兴产业，形成绿色可持续增长的经济新动能。我国新能源汽车产业规模不断扩大，从2014年的年产7.85万辆，到2018年超过120万辆，到2023年超过950万辆，再到2024年突破1000万辆，这是党的领导下全面深化改革在加快培育发展新质生产力，推动传统产业高端化、智能化、绿色化转型，巩固扩大智能网联新能源汽车等产业领先优势，培育壮大先进制造业集群，实施制造业重点产业链高质量发展的行动。2023年，我国城镇新增就业1244万人，城镇调查失业率平均为5.2%；提高"一老一小"个人所得税专项附加扣除标准，6600多万纳税人受益；加强城镇老旧小区改造和保障性住房供给，惠及上千万家庭；脱贫人口务工规模超过3300万；国家助学贷款提标降息惠及1100多万学生……这是在党的领导下全面深化改革，始终坚持以人民为中心的发展思想，采取一揽子惠民生、暖民心举措,扎实推进共同富裕,促进社会和谐稳定,不断增强人民群众的获得感、幸福感、安全感。新时代国企改革,坚持落实"坚持党对国有企业的领导是重大政治原则,必须一以贯之;建立现代企业制度是国有企业改革的方向,也必须一以贯之"的要求,成为把党的领导贯穿全面深化改革各方面全过程的一个缩影。

全面深化改革,不是推进某一领域改革,也不是推进几个领域改革,而是推进所有领域改革。新时代党的领导是全面性、系统性、整体性的领导,即把党的领导贯穿全面深化改革各领域全过程,落实到改革发展稳定、内政外交国防、治党治国治军等各领域各方面各环节。从党的十八届三中全会创造性提出全面深化改革总目标,到系统部署成百上千项具体任务、改革举措,改革方案覆盖经济体制、政治体制、文化体制、社会体制、生态文明体制和党的建设制度深化改革等各个领域。改革的系统性、整体性、协同性显著提升,改革由局部探索、破冰突围到系统集成、全面深化转变,实现把党的领导贯穿全面深化改革各方面全过程。

(二)以党的全面领导凝聚进一步全面深化改革的共识

我国社会主义政治制度优越性的一个突出特点是党总揽全局、协调各方的领导核心作用,形象地说是"众星捧月",这个"月"就是中国共产党。从社会主义建设时期的"铁人"王

关键词十二 坚持党对改革的全面领导

进喜、"两弹元勋"邓稼先,到改革开放时期的"知识工人"邓建军、"白衣圣人"吴登云,再到新时代在悬崖峭壁上开凿出"生命渠"的黄大发、"深海钳工"管延安……一代又一代的劳动人民在中国共产党的领导下心往一处想、劲往一处使,汇集了全国各行各业人民的智慧与力量,用劳动创造了属于人民自己的幸福,用实干成就了改革开放和社会主义现代化建设的伟大成就,谱写了换了人间的动人篇章。新时代的美好生活是靠人民奋斗出来的,真正做到了发展为了人民、发展依靠人民、发展成果由人民共享。

新征程上,党中央是坐镇全面深化改革大棋局中的"帅","车马炮"各展其长,"一盘棋"大局分明,党居于核心领导地位。在进一步全面深化改革的大棋局中,党中央是坐镇中军帐的"帅",统领全局,运筹帷幄。我们要更加紧密地团结在以习近平同志为核心的党中央周围,以习近平新时代中国特色社会主义思想为指导,以党的全面领导广泛凝心聚力,永葆敢闯敢试的精神、创新进取的劲头和实干担当的作风,除沉疴,破藩篱,将全党全社会的力量集中起来,将一切可以团结的力量团结起来,将一切可以调动的积极因素调动起来,克服前进道路上的重重困难,攻克全面深化改革进程中的顽瘴痼疾。在中华大地上形成全党全国各族人民共同推进改革的生动局面,凝聚起上下一心、攻坚克难的共识合力,组织动员全体中华儿女围绕进一步全面深化改革、推进中国式现代化一起来想、一起来干,当好进一步全面深化改革的坚定促进派、实干家,在推进中国式现代化的新征程上创造新的辉煌。

(三)持之以恒用改革精神推进全面从严治党

实践充分表明,党的领导是进一步全面深化改革、推进中国式现代化的根本保证。聚焦提高党对进一步全面深化改革、推进中国式现代化的领导水平和长期执政能力,创新和改进领导方式和执政方式,必然要持之以恒用改革精神加强党的建设,推进全面从严治党,把党锻造得更加坚强有力,确保党在新时代坚持和发展中国式现代化的历史进程中始终成为坚强领导核心。

习近平总书记在党的二十大报告中指出:"全党必须牢记,全面从严治党永远在路上,党的自我革命永远在路上,决不能有松劲歇脚、疲劳厌战的情绪,必须持之以恒推进全面从严治党,深入推进新时代党的建设新的伟大工程,以党的自我革命引领社会革命。"我们党是世界上最大的马克思主义执政党,是拥有近1亿名党员的大党,要巩固长期执政地位、确保党始终保持先进性和纯洁性,始终赢得人民衷心拥护,必须永葆"赶考"的清醒和坚定,不断增强党的政治领导力、思想引领力、群众组织力、社会号召力,聚合成为党的旺盛生命力和强大战斗力。数据显示,2023年省、市、县三级共巡视巡察23.1万个

关键词十二　坚持党对改革的全面领导

党组织，182家中央单位对2.7万个党组织开展内部巡视巡察，巡视巡察上下联动进一步深化。新时代进一步全面深化改革，必须始终秉持鲜明的改革精神，把改革精神有机融入全面从严治党建设之中、落实到党领导全面深化改革的全过程，努力取得全面从严治党更大成效，确保党在新时代的伟大事业中始终走在前列，带领全国人民实现中华民族伟大复兴的中国梦，必将在人类伟大历史中创造更多中国奇迹。

　　落实《决定》确立的各项改革任务，关键在党，关键在于将坚持党中央权威和集中统一领导要求全面贯彻到进一步全面深化改革、推进中国式现代化的各方面全过程，保持以党的自我革命引领社会革命的高度自觉，坚持用改革精神和严的标准

知识点链接　监督执纪"四种形态"

　　监督执纪"四种形态"是党中央在全面从严治党实践中总结出来的监督执纪新理论和新方法，是对"惩前毖后、治病救人"方针的继承和创新。第一种形态，经常开展批评和自我批评，及时进行谈话提醒、批评教育、责令检查、诫勉，让"红红脸、出出汗"成为常态。第二种形态，党纪轻处分、组织调整成为违纪处理的大多数。第三种形态，党纪重处分、重大职务调整的成为少数。第四种形态，严重违纪涉嫌犯罪追究刑事责任的成为极少数。

管党治党，完善党的自我革命制度规范体系，不断推进党的自我净化、自我完善、自我革新、自我提高，确保党始终成为中国特色社会主义事业的坚强领导核心。

三、毫不动摇坚持和加强党的全面领导

当今世界，要说哪个政党、哪个国家、哪个民族能够自信的话，那中国共产党、中华人民共和国、中华民族是最有理由自信的。从"嫦娥"奔月、"祝融"探火，到中国空间站全面建成；从北斗组网、"奋斗者"深潜海底，到第三艘航母福建

◆◆ 港珠澳大桥 （汉华易美/供图）

舰下水；从港珠澳大桥飞架三地、北京大兴国际机场展翅腾飞，到"中国天眼"FAST发现超900颗新脉冲星；等等，各类主体内生动力和创新活力让万里河山更加多姿多彩，中国式现代化道路愈加宽广，理论特色愈加鲜明，制度建设愈加完善，精神风貌愈加昂扬。当前和今后一个时期是以中国式现代化全面推进强国建设、民族复兴伟业的关键时期。面对纷繁复杂的国际国内形势，面对新一轮科技革命和产业变革，面对人民群众新期待，必须在更高起点上继续把进一步全面深化改革推向前进，愈进愈难，愈进愈险，愈要毫不动摇坚持和加强党的全面领导。

（一）坚持用改革精神和严的标准管党治党

伟大事业孕育伟大精神，伟大精神引领伟大事业。改革开放是我们党在新的时代条件下带领人民进行的新的伟大革命，从农村到城市，从试点到推广，从经济体制改革到全面深化改革，从"落后时代"到"赶上时代"再到"引领时代"，改革开放已成为当代中国最显著的特征，是我们党在新的历史时期最鲜明的旗帜。习近平总书记强调："改革开放铸就的伟大改革开放精神，极大丰富了民族精神内涵，成为当代中国人民最鲜明的精神标识！"

中国共产党担负起进一步全面深化改革历史重任，关键在中国共产党的自身建设，关键在坚持用改革精神和严的标准管党治党。在这个千帆竞发、百舸争流的时代，我们绝不能有半点儿骄傲自满、故步自封，也绝不能有丝毫犹豫不决、徘徊彷徨，只有以改革精神建好强有力的领导"中枢"，才能统揽伟大斗争、伟大工程、伟大事业、伟大梦想，勇立潮头、奋勇搏击。

2024年6月27日召开的中共中央政治局会议明确提出坚持用改革精神管党治党。政治建设、思想建设、组织建设、作风建设、制度建设、纪律建设，以及继续推进反腐败斗争，都要把改革精神贯穿其中，不断提升制度化、规范化、科学化水平，使全面从严治党各项工作更好体现时代性、把握规律性、富于创造性，推动党的制度优势更好转化为治国理政的实际效能。以习近平同志为核心的党中央坚持用改革精神和严的标准管党治党形成了愈加坚定的理想信念、愈加严密的组织体系、愈加严明的纪律规矩，使得全党上下在革命性锻造中变得愈加有力，敢于啃硬骨头，敢于涉险滩，敢于面对新矛盾新挑战，把一个个"不可能"变成了"一定能"，在全面深化改革新征程上不断创造着令人刮目相看的伟大奇迹。

（二）深化党的建设制度改革

全面从严治党永远在路上，党的建设制度改革只有进行时。党的十八届三中全会以来，在以习近平同志为核心的党中央坚强领导下，党的建设制度改革深入推进，全面从严治党系统性创造性实效性不断提高，党的面貌焕然一新，风清气正的良好政治生态蔚然成风，为党和国家事业取得历史性成就、发生历

关键词十二　坚持党对改革的全面领导

史性变革提供了坚强政治保证。当前深化党的建设制度改革已进入深水区，可以说，容易的、皆大欢喜的改革已经完成了，好吃的肉都吃掉了，剩下的都是难啃的硬骨头。

新时代深化党的建设制度改革，必须把握好正确政治方向，坚持以习近平新时代中国特色社会主义思想为指导，深研细悟笃行。党的二十届三中全会再次强调，提高党中央对进一步全面深化改革的集中统一领导的水平，深化党的建设制度改革。紧紧围绕健全完善纪检监察法规制度体系，紧紧围绕提高党科学执政、民主执政、依法执政水平深化党的建设制度改革，完善党的建设制度机制。《决定》强调："加强党的创新理论武装，建立健全以学铸魂、以学增智、以学正风、以学促干长效机制。深化干部人事制度改革，鲜明树立选人用人正确导向，大力选拔政治过硬、敢于担当、锐意改革、实绩突出、清正廉洁的干部，着力解决干部乱作为、不作为、不敢为、不善为问题。树立和践行正确政绩观，健全有效防范和纠治政绩观偏差工作机制。落实'三个区分开来'，激励干部开拓进取、干事创业。推进领导干部能上能下常态化，加大调整不适宜担任现职干部力度。健全常态化培训特别是基本培训机制，强化专业训练和实践锻炼，全面提高干部现代化建设能力。完善和落实领导干部任期制，健全领导班子主要负责人变动交接制度。增强党组织政治功能和组织功能。探索加强新经济组织、新社会组织、新就业

> **知识点链接　"三个区分开来"**
>
> "三个区分开来"是指导干部工作的一项重要原则。一是把干部在推进改革中因缺乏经验、先行先试出现的失误和错误，同明知故犯的违纪违法行为区分开来。这意味着在推动改革的过程中，干部因创新或探索而产生的错误不应轻易被归咎于个人品德或能力问题，而应被视为成长和进步的一部分。二是把上级尚无明确限制的探索性试验中的失误和错误，同上级明令禁止后依然我行我素的违纪违法行为区分开来。鼓励干部在政策允许的范围内大胆尝试，即使出现失误也能得到理解和宽容，但同时强调了对规则的尊重，避免明知故犯。三是把为推动发展的无意过失，同为谋取私利的违纪违法行为区分开来。这体现了对干部为公心、为大局考虑的肯定，同时也对任何形式的腐败和私利行为持零容忍态度。"三个区分开来"的原则，旨在以理性的视角审视干部在工作中可能遭遇的失误，其不仅体现了一种对干部工作失误的公正评判态度，而且深刻蕴含着对干部队伍成长与发展的正向激励与全面保护。

群体党的建设有效途径。完善党员教育管理、作用发挥机制。完善党内法规，增强党内法规权威性和执行力。"积极稳妥、扎实深入推进新时代制度治党进入快车道，增强党的创造力、凝聚力、战斗力，汇聚成更好团结带领全国各族人民实现第二个百年奋斗目标、实现中华民族伟大复兴的中国梦。

（三）深入推进党风廉政建设和反腐败斗争

放眼全世界，没有哪个国家和政党，能有这样的政治气魄

关键词十二　坚持党对改革的全面领导

和历史担当,敢于大刀阔斧、刀刃向内、自我革命,也没有哪个国家和政党,能在这么短时间内推动这么大范围、这么大规模、这么大力度的改革。以党的自我革命引领社会革命,在于有习近平新时代中国特色社会主义思想的科学指引,以习近平总书记关于党的建设的重要思想、关于党的自我革命的重要思想,带领全党总结跳出治乱兴衰历史周期率的"第二个答案",指引百年大党开辟自我革命新境界。党的自我革命在全面深化改革推动下环环相扣、层层递进,不断在革故鼎新、守正创新中实现党的自我净化、自我完善、自我革新、自我提高,今天的中国共产党在革命性锻造中更加坚强有力,始终成为中国特色社会主义事业的坚强领导核心。

"得罪千百人、不负十四亿。"新时代以来,我们党坚持以雷霆之势反腐惩恶成功走出一条深入推进党风廉政建设和反腐败斗争之路。党的十八大以来,习近平总书记高度重视从严管党治党,多次强调"要把纪律建设摆在更加突出位置"。党中央持之以恒正风肃纪,以钉钉子精神纠治"四风",反对特权思想和特权现象,坚决整治群众身边的不正之风和腐败问题,刹住了一些长期没有刹住的歪风,纠治了一些多年未除的顽瘴痼疾。当前正在全党开展的党纪学习教育,重点学习最新修订的《中国共产党纪律处分条例》,强调党纪学习教育要注重融入日常、抓在经常。严明政治纪律和政治规矩,在全链条全周期全覆盖上不断发力，激励引导党员干部担当作为，促进执纪执法贯通……作为规范党组织和党员行为的基础性党内法规，《中国共产党纪律处分条例》的再次修订，进一步扎紧制度的"笼子"，释放出越往后执纪越严的强烈信号。

千万不能在一片喝彩声中迷失自我。时刻保持解决大党独有难题的清醒和坚定，把党的伟大自我革命进行到底，中国共产党将始终赢得保持同人民群众的血肉联系、人民衷心拥护的历史主动，赢得全党高度团结统一、走在时代前列、带领人民实现中华民族伟大复兴。

知识点链接 "四风"

"四风"是指形式主义、官僚主义、享乐主义和奢靡之风。形式主义，是指知行不一、不求实效，文山会海、花拳绣腿，贪图虚名、弄虚作假，追求形式、务虚功、工作不抓落实。官僚主义，是指脱离实际、脱离群众，高高在上、漠视现实，唯我独尊、自我膨胀，办事推诿扯皮，效率低下，不作为、不负责任。享乐主义，是指精神懈怠、不思进取，追名逐利、贪图享受，讲究排场、玩风盛行，缺乏忧患意识和创新精神。奢靡之风，主要是指铺张浪费、挥霍无度，大兴土木、节庆泛滥，生活奢华、骄奢淫逸，甚至以权谋私、腐化堕落。

（四）以钉钉子精神抓好改革落实

钉钉子往往不是一锤子就能钉好的，而是要一锤一锤接着敲，直到把钉子钉实钉牢，钉牢一颗再钉下一颗，不断钉下去，必然大有成效。如果东一榔头西一棒槌，结果很可能是一颗钉子都钉不上、钉不牢。"我提倡钉钉子精神，这得从我做起啊！这件事我要以钉钉子精神反反复复地去抓"，习近平总书记的话掷地有声。从梁家河到正定，从宁德到省里、到中央，扶贫这件事，习近平总书记始终花的精力最多。对于这件大事，习近平总书记总是像钉钉子一样锲而不舍，从未松懈。如何啃下深度贫困这块硬骨头，打好脱贫攻坚战？习近平总书记坚持访真贫、问真苦，走遍全国14个集中连片特困地区，找准了导致深度贫困的主要原因，采取有针对性的扶贫措施。新时代以来，习近平总书记坚持问题导向、人民立场，足迹遍及大江南北、内陆边疆，进社区、进企业、进学校、进科研院所……了解基层群众所思、所想、所盼，发现问题的痛点、难点、堵点，找到敢于啃硬骨头的路径，攻克了一个又一个难中之难、坚中之坚，以钉钉子精神抓好改革落实。

一分部署，九分落实。习近平总书记强调："干事业就要有钉钉子精神，抓铁有痕、踏石留印，稳扎稳打向前走，过了一山再登一峰，跨过一沟再越一壑，不断通过化解难题开创工作新局面。"以钉钉子精神抓好改革落实，贵在坚定不移、久久为功。钉钉子，没有力度是钉不好的，只有用实劲、连续钉，才能钉得牢固。对党中央进一步全面深化改革的决策部署，全党必须求真务实抓落实、敢作善为抓落实，坚持上下协同、条块结合，科学制定改革任务书、时间表、优先序，明确各项改革实施主体和责任，把重大改革落实情况纳入监督检查和巡视巡察内容，以实绩实效和人民群众满意度检验改革。

后　记

　　本书由湖南省社会科学院（湖南省人民政府发展研究中心）党组成员、副院长（副主任）汤建军领衔创作，运用通俗易懂的语言，通过百姓身边的故事，生动解读新时代改革关键词。本书由汤建军确定写作提纲、思路与技法，共13个部分，具体分工如下：序言，汤建军；关键词一，郑自立；关键词二，任灿；关键词三，谭鹏；关键词四，邓俊颖；关键词五，刘解龙；关键词六，王克修；关键词七，徐华亮；关键词八，王启贤；关键词九，王文华；关键词十，谢卓芝；关键词十一，彭璐珞；关键词十二，梁建伟。汤建军、郑自立、杨畅、陈扬、唐钰航参加了全书修改、统稿工作，最后由汤建军终审定稿。

　　本书的出版得到了黄河出版传媒集团宁夏人民出版社的大力支持，在此要感谢所有为本书付出辛勤劳动的作者和编辑，正是他们的努力工作才使得本书顺利出版。

由于时间紧、任务重，书中难免存在疏漏与不足，敬请广大读者批评指正。

本书著者

2024 年 8 月 2 日